北大版新一代对外汉语教材·口语教程系列

准高级 汉语口语

上

Quasi Advanced Spoken Chinese

蔡云凌 编著
by Cai Yunling

HANYU KOUYU

北京大学出版社
PEKING UNIVERSITY PRESS

图书在版编目(CIP)数据

准高级汉语口语.上 / 蔡云凌编著. —北京:北京大学出版社,2004.9
(北大版新一代对外汉语教材·口语教程系列)
ISBN 978-7-301-07698-9

Ⅰ.①准… Ⅱ.①蔡… Ⅲ.①汉语—口语—对外汉语教学—教材 Ⅳ.① H195.4

中国版本图书馆 CIP 数据核字(2004)第 076388 号

书　　　名:	准高级汉语口语.上
著作责任者:	蔡云凌　编著
责 任 编 辑:	宋立文　孙艳玲
标 准 书 号:	ISBN 978-7-301-07698-9/H·1093
出 版 发 行:	北京大学出版社
地　　　址:	北京市海淀区成府路 205 号　100871
网　　　址:	http://www.pup.cn
电 子 信 箱:	zpup@pup.pku.edu.cn
电　　　话:	邮购部 62752015　发行部 62750672　出版部 62754962　编辑部 62752028
印 刷 者:	北京市科星印刷有限责任公司
经 销 者:	新华书店
	787 毫米 ×1092 毫米　16 开本　13.75 印张　246 千字
	2004 年 9 月第 1 版　2019 年 12 月第 9 次印刷
定　　　价:	52.00 元

未经许可,不得以任何方式复制或抄袭本书之部分或全部内容。
版权所有,侵权必究
举报电话:010-62752024　电子信箱:fd@pup.pku.edu.cn

前 言

本教材分为上下两册，各10个主题，内容涉及现代中国社会的各个方面，适合于具有中级汉语水平的留学生学习。完成本教材的学习之后，学习者可以达到中级偏高的水平。

主要特色

- 按照一般课堂教学顺序编写，先出现词语，包括词语的解释和练习，在巩固了词语之后，再出现文章及练习。
- 在词义的解释上，没有采用词典的释义方法，而是力求用简单的词语和例句来进行说明。另外，对某些词语，给出了常用句式，便于学习者的理解和自学。
- 所选主题及主题文章，从内容上看，富有时代感和生命力，与教师和学生的生活都密切相关，适用于不同背景的学习者；从形式上看，包括对话、独白、说明等各种文体，涵盖了口语表达中的不同层次。
- 练习中的实战练习部分，选择了学生在实际生活和工作中可能遇到的一些典型情况，提供学生进行口语表达和练习的机会，将教材和实际生活联系起来，使教材更具有实用性和真实感。
- 相关链接部分是对各个主题的补充和完善，提供了与每个主题有关的历史、文化等知识背景以及课文没有出现的其他语言表达方式等，既可作为练习，又可作为学生自学的内容。

课时安排

每个主题约需用时6~10课时。教材中提供了多种练习形式，如果可用课时较多，可以充分利用这些练习形式，适当增加内容，延长课时；如果可用课时较少，则可以适当减少交流活动，有针对性地选择一些练习形式来完成。

教学环节及教学建议

总体教学建议：

- 合理安排、控制各教学环节的操作时间，并尽量让每个学习者都有较均等的练习机会和时间。
- 灵活选择练习内容，有的练习可在课上进行，也可作为作业，或作为考试内容；有的练习可由个人完成，也可由小组完成。
- 在课堂上，教师应以指导者的身份，对学生出现的问题适时、适量地进行纠正。

下面的表格中介绍了本教材每个主题中包括的环节、内容、目的及教学建议，希望对教师和学习者都能有所帮助。

环 节		内 容	目 的	教学建议
话题准备		与主题有关的一两个问题。	学习前的热身，以引发学习兴趣。	根据问题内容、形式的不同以及教学实际情况，既可以安排为作业让学生准备，也可以在课堂上让学生即兴回答。
词语准备	词语解释	每个主题不超过25个生词。分为"说明""例句""辨析""比较"和"你的句子"几部分。	说明：是对词语的语义、语用和语体作出解释；辨析：是对几个易混淆的词语的说明；比较：是词语用错的情况同正确用法的比较，也有的是同一词语在不同环境下的比较；你的句子：是学习者自己造的句子。	教师可采用课前安排学生预习，课上提问考查的办法，对学生易错词语、近义词语的辨析部分作重点讲解。学生造句部分可以安排为作业或者有选择地在课上进行练习。
	词语练习	辨析近义词；用生词改写句子；用生词完成对话。	巩固所学词语，再次加强记忆，为下面学习文章做好准备。	在学习完词语后马上进行，以加强短时记忆。在用生词改写句子的练习中，我们没有提供生词，需要学生根据对句子的理解从生词中找出合适的词语。

(续1)

环　节		内　　容	目　　的	教学建议
主题文章		一或两篇与主题相关的文章。形式上采用对话体、独白体或说明体。	提供话题；学习词语、句式等表达方式；了解现代中国的各个方面。	可先从整体意思上把握文章，然后再学习具体内容。文章中有的词语作为注释出现，这是不需要学生掌握的，只理解就可以了。
话题训练	文章话题训练	根据课文的内容提出若干问题；用指定词语复述文章的部分内容。	检查学生是否理解了文章的内容；训练成段表达能力；巩固复习重点词语。	学生在进行成段表达时，教师应有意识地进行指导，特别要注意各个小句之间的连接。
	相关话题训练	与主题相关的若干问题。	扩大话题的范围；训练成段表达能力。	教师可以根据学时，有选择性地进行训练，有的可安排为课堂练习，有的可作为作业；有的可以个人回答，有的可作为小组活动的题目。
语句训练	句式训练	主题文章中4~6个常用句式的说明、例句和表达训练。	训练复句、多项复句的表达，加强学生表达的层次性、清晰性。	可作为口头练习，也可作为书面练习。
	词语训练	主题文章中的惯用语、口头语以及一些常用多义语素的训练。	学习并掌握口头语、惯用语以及某些多义语素在不同语境中的含义。	
实战训练	调查	学生准备好一些问题，询问课堂外的中国人后，进行总结并向大家汇报。	增强学习的实用性，活学活用；让学生了解中国的文化，中国人的生活、思想等；给学生创造使用汉语、和中国人交流的机会。	调查可由一个人完成，也可以分小组完成。教师应提醒学生做好调查提纲和在调查中要注意的事项，以帮助学生较深入地完成调查。

3

(续2)

环节		内容	目的	教学建议
实战训练	表演	几个学生一组在某个具体场景下完成对话。		在表演中,教师应给予每个人均等的表演机会和时间。
	实况模拟	提供真实生活中存在的某些场景,让学生进行表达。		为了更贴近真实情况,可在教室内布置出近似真实的场景。
	分组辩论	与主题相关的一两个辩题	训练反驳、假设、论证等能力。	教师应根据辩题提出具体要求,给学生充分的准备时间。在辩论中,教师不要干涉,只是作为裁判,最后评出结果就可以了。
	主题演讲	一个与主题相关的演讲题目。	训练较正式的成段表达能力。	演讲时间一般为六七分钟。可以作为练习,也可以作为考试的一部分,不过一定要给学生准备的时间,在演讲时不能看准备的稿子或提纲。
相关链接		与主题有关的一些补充内容。	让学生了解一些与主题有关的知识、历史和文化背景;让学生多了解一些与主题有关的俗语、流行语;提供给教师可以利用的音像资料、电影和歌曲等。	根据学时和学生的水平,可以学习其中的部分内容,其余部分作为课外阅读的材料。

  希望您能喜欢上这套教材,并能从教学和学习活动中得到乐趣。同时,我们也真诚地希望您能对这套教材提出宝贵的意见和建议。

编 者

目　录

主题一　工作 ……………………………………………………………… 1

主题二　文化与保护 ……………………………………………………… 23

主题三　宠物 ……………………………………………………………… 43

主题四　遭遇 ……………………………………………………………… 64

主题五　回家 ……………………………………………………………… 84

主题六　教育 ……………………………………………………………… 105

主题七　饮食 ……………………………………………………………… 126

主题八　爱情 ……………………………………………………………… 146

主题九　美 ………………………………………………………………… 165

主题十　节日 ……………………………………………………………… 184

句式索引 …………………………………………………………………… 204

词语索引 …………………………………………………………………… 207

本书音频可通过扫描右方二维码获得。

主题一　工　作

 话题准备

在你们国家，现在最热门的工作是什么？为什么？

 词语准备

词/语/解/释

1. 动用

【说明】

　　动词。我们在口语中常常说到"用"，不过，根据支配对象的不同，"用"还有几个比较正式的说法，如"使用（工具）""采用（方法）""动用（公共财物或他人的重要钱物）"。

【例句】

(1) 这笔钱在最需要的时候才能动用。
(2) 你怎么能擅自动用国家的财物呢？

【你的句子】

2. 积累 (jīlěi)

【说明】

动词。人通过长时间的学习和经历，不断增加知识、经验等。它的对象通常是抽象事物，而不是具体事物。

【例句】

(1) 她去过很多国家，积累了很多在国外生活的经验。
(2) 即使你是大学生，也要不断地积累知识。

【比较】

他工作了三年，积累了很多钱。（☹）①
他工作了三年，存了很多钱。（☺）

【你的句子】

3. 死活不……

【说明】

副词性。不管在什么情况下，都极不愿意或完全不能做某事。常用句式：

死活不+动词

【例句】

(1) 不管我说什么，他死活不去。
(2) 老师讲了好几遍，可是我死活不明白。

【你的句子】

4. 保险箱

【说明】

名词。为了预防偷盗行为，用来放置钱财或者重要物品的箱子或柜子。常用"进了保险箱"比喻某一行为是非常安全、可靠、稳妥的。

【例句】

(1) 即使你在国有企业工作，也不等于进了保险箱，因为随时都有

---

① 错误的表达标记为☹，正确的表达标记为☺。

失业的可能。

(2) 只要考上这所重点中学,那就是进了保险箱,上大学没问题了。

【你的句子】

5. 核 (hé) 心

【说明】

名词。某个事物中最重要的一个部分。注意:一件事的"核心"只有一个,如果不止一个,那不能说是"核心",而是"重点""要点"。常用句式:

> (1) A 是 B 的核心
> (2) B 的核心是 A

【例句】
(1) 他是我们公司的核心人物。
(2) 发展经济是中国政府工作的核心。

【比较】
老师,这次考试的核心是什么? (☹)
老师,这次考试的重点是什么? (☺)

【你的句子】

6. 看望

【说明】

动词。常用于领导去看下属,晚辈去看长辈,身体健康的人去看病人等,以表示对他们的关心。

【例句】
(1) 春节前,校长看望了几位退休教师。
(2) 我们买了一些水果去医院看望张晓明。

【你的句子】

7. 评

【说明】

动词。根据某种标准给出成绩,分出等级、优劣等。后常跟趋向补语"出、出来"表示得到评选结果。常用句式:

_____ 被评为 _____(称号)

【例句】

(1) 他被大家评为三好学生。
(2) 你们的水平差不多,很难评出高低。

【你的句子】

8. 张罗(luo)

【说明】

动词。组织、安排、计划某事。用于比较随意的、日常生活中的情况,较口语化。

【例句】

(1) 家里来了客人,都是妈妈张罗饭菜。
(2) 这次同学聚会是小王张罗的。

【比较】

这次董事会是谁张罗的? ☹
这次董事会是谁安排的? ☺

【你的句子】

9. 不知所措(cuò)

【说明】

动词性。后边不出现其它成分。指因为陌生、没有经验而不知道应该做什么,或不知道怎么做才好。

【例句】

(1) 我在很多人面前说话时，常常不知所措。

(2) 第一次在国外生活，有时候会不知所措。

【你的句子】

10. 鸡飞蛋打

【说明】

动词性。从字面上看，意思是鸡飞走了，鸡蛋也打碎了。用来比喻做事完全失败了。

【例句】

(1) 他和小丽谈了两年恋爱，可最终还是鸡飞蛋打了。

(2) 做事三心二意，结果只能是鸡飞蛋打。

【你的句子】

11. 贸（mào）然

【说明】

副词。后面多为双音节动词。表示在没有准备好的情况下进行某一行为，带有贬义。常用于表示否定意义的句子中。

【例句】

(1) 即使你真的爱那个女孩儿，也别贸然行动。

(2) 去别人家前，应该先打个电话，不要贸然前往。

【你的句子】

12. 泡

【说明】

动词。本义是把东西长时间地放在水中，又指人长时间地在某处做某事。

【例句】

(1) 衣服泡几分钟后再洗，更容易洗干净。

(2) 他每天都泡在图书馆里。

【你的句子】

13. 扣（kòu）

【说明】

动词。因为某人的错误留下某人或属于他的东西。后边常出现补语"下"。常用句式：

扣（下）+人+人的东西

【例句】
(1) 这次考试的作文我写得不好，老师扣了我很多分。
(2) 他酒后开车，警察扣下了他的驾驶执照。

【你的句子】

14. 脸色

【说明】

名词。① 脸上表现出的身体或心理的状态。② 用语言或行为表示对某人的不满。常用句式：

给+人+脸色看

【例句】
(1) 今天你的脸色怎么这么难看，是不是太累了？
(2) 他一生气就给我脸色看。

【你的句子】

15. 滋味

【说明】

名词。心里对某件事的感觉。

【例句】
(1) 听了他的一番话,我心里真不是滋味。
(2) 你还年轻,还不知道爱情的滋味。

【辨析】滋味 & 味道
"滋味"是人内心的感觉,"味道"是人的味觉或嗅觉的感受。

【比较】
房间里有一种奇怪的滋味。（☹）
房间里有一种奇怪的味道。（☺）

【你的句子】

16. 求之不得

【说明】
动词性。常用来说明一个人非常想得到某个机会而又很难得到。不用于具体事物。

【例句】
(1) 这是我求之不得的一份工作,我一定要争取。
(2) 你能来我的家,是我求之不得的,我太高兴了。

【比较】
这本书是我求之不得的。（☹）
这本书是我很想要的。（☺）

【你的句子】

17. 枯燥 (kūzào)

【说明】
形容词。文学作品的内容、人的生活等很没有意思。

【例句】
(1) 这部小说枯燥极了,我看不下去了。
(2) 我的留学生活很丰富,一点儿也不枯燥。

【辨析】枯燥 & 干燥

"枯燥"指内容没有意思；"干燥"指气候缺少水分。

【你的句子】

18. 妥协（tuǒxié）

【说明】

动词。处于对抗状态中的一方转为接受另一方的意见。注意"妥协"的后面不能加宾语。常用句式：

A 向 B 妥协

【例句】
(1) 他们争持了半天，最后还是妻子妥协了。
(2) 不能向困难妥协。

【你的句子】

19. 避（bì）

【说明】

动词。为了不碰到不好的事情或不喜欢的人而采取某种行为。后边常出现补语"开"。

【例句】
(1) 下雨了，快到树下避一避。
(2) 为了避开他，我常常早一点儿下班。

【辨析】避 & 躲

"避"的对象是不喜欢的事或人；而"躲"的对象是害怕的事或人。

【比较】
一看到电影中的恐怖场面，她就避在妈妈身后。（☹）
一看到电影中的恐怖场面，她就躲在妈妈身后。（☺）

【你的句子】

20. 爱莫能助

【说明】

动词性。虽然心里想帮助别人，但是由于自身的能力或条件限制而不能。

【例句】

(1) 对不起，这件事我们真是爱莫能助。
(2) 我很想帮你，可是能力有限，只好爱莫能助了。

【你的句子】

21. 背着 (bèizhe)

【说明】

动词。不告知某人去做某事。常用句式：

> 背着+人+动词

【例句】

(1) 他背着父母离开了家。
(2) 他背着妻子花光了家里的钱。

【你的句子】

词／语／练／习

一、辨析

1. 使用　采用　动用

(1) 这笔钱在你上大学前不能随便（　　）。
(2) 越来越多的人（　　）手机上网。
(3) 这个机器人（　　）了目前最先进的设计方法。

2. 枯燥　干燥

(1) 秋天和冬天，北京十分（　　），应该多喝水。
(2) 我不喜欢学数学，因为太（　　）了。

3. 避 / 躲

(1) 如果你要坐地铁,最好(　　)开上下班的高峰时间。

(2) 听到陌生人的声音,小猫就(　　)在箱子里了。

二、用"词语解释"中的词语改写句子中画线的部分

1. 他<u>没有告诉父母</u>就和那个女孩儿结婚了。

2. 我的父母常常吵架,可最后的结果总是<u>妈妈胜利</u>。

3. 在那么多人面前作报告,他真是<u>不知道怎么办才好</u>。

4. 在工作中,<u>他的经验越来越丰富</u>。

5. 不管我怎么说,<u>他都不同意</u>。

6. 这个月他迟到了几次,所以<u>1000块的工资只剩下850块了</u>。

三、用指定的词语完成对话

1. 保险箱
A:听说你的孩子考上重点中学了,恭喜啊!
B:

2. 鸡飞蛋打
A:这个暑假你和女朋友去旅行了吗?
B:

3. 算不了什么
A:你在中国学了一年汉语,HSK就通过了五级,真了不起!
B:

4. 爱莫能助
A:先生,请为我们的这次活动捐点儿钱吧!
B:

单位内的父亲和单位外的儿子

为了给大学毕业的儿子找到个好单位，父亲动用了他一生人际关系的积累。他觉得这是一个父亲的责任，再说中国的父母们不都是这么做的吗？

可是，没上几天班，儿子就死活也不愿在"保险箱"里呆着了，问他想干什么，他说要去旅行，去写作。"我相信这个世界是饿不死人的。"儿子说。

父子之间发生了一场战争，争论的核心是对单位的理解：

父亲："虽说我这一辈子换过工作，但从没出过国家单位。孩子啊，找这么个好单位不容易啊，你得有个安身立命①的地方才行！"

儿子："我痛恨在一个固定单位上班，我讨厌单位里复杂的人际关系，我也讨厌为了生活，干我不喜欢、不感兴趣的工作。我还特别痛恨办公室喝茶、看报、抽烟的生活。"

父亲："以我一生的经验来看，单位有几大好处：第一有固定工资，安全；第二有岗位津贴②和奖金，可以让你活得比较舒服；第三有病能报销③，住院有领导同事来看望；第四可以享受病假、事假、公休和探亲；第五文化活动丰富多彩；第六可以评职称；第七60岁退休后，老有所养；第八死了有人张罗后事④。"

儿子："固定单位对我来说，就像一条不合适的裤子，穿上去以后不知所措。我等着换裤子，等啊等啊，头发就白了一半儿，不久又白了另一半儿。最后鸡飞蛋打，只能退休。"

父亲："是啊，单位人际关系复杂，烦人，但是老婆可以自己选，朋

---

① 安身立命：物质生活有保证，精神生活有寄托。
② 岗位津贴：工资中的一部分。根据职位的不同，数额也不同。
③ 报销：一种财务制度。为了公家的事花了自己的钱以后，公家凭单据返还相应的钱数。
④ 后事：丧事，人死后处置遗体及相关善后事宜。

友可以自己挑，同事当然无法选择。再有矛盾，再恨得要命，也还是要一起工作。再说，这跟单位的好处比起来，也算不了什么。想想看，谁会为了这个贸然辞职？"

儿子："我喜欢自由。我想晚上泡酒吧，我想把午餐当早餐，而且还没有人记我的考勤，扣我的工资，给我脸色看；我甚至想去远方旅行，只要能挣到足够的钱，就可以做现代徐霞客①。"

父亲："几十年和单位的同事相处，能处好也是一门学问。我自己是决不会离开单位的，你啊，真是少年不知愁滋味。"

没过多久，儿子去了西部。一去就是一年，一年后写出了一本《人在西部》，并从此开始了自由写稿的生活。

父亲没有想到儿子离开单位居然能够生存，而且能够生存得不错。自由写作自由思考也曾是父亲求之不得的。他在单位呆了30多年，每天写枯燥的公文，却从没想过还会有单位之外的另一种生活。

时代的变化，就是在父子的人生中间多出了一种选择。

儿子说，他感觉自己是一只鹰，他在用自己的方式飞翔。

父亲最后妥协了："家永远是你避风的港湾，但是你想有车、有房子，有更好的生活，我们爱莫能助。"

背着儿子，父亲长叹，他能飞多高？多远？我们百年之后②，他活不下去怎么办？

(选自《南方周末》)

 话题训练

◇ **文章话题训练**

一、读了文章后，你觉得什么是"单位"？
二、文章的题目为什么叫"单位内的父亲和单位外的儿子"？

---

① 徐霞客(1586—1641)：明代著名地理学家，著有《徐霞客游记》。
② 百年之后：去世以后。

◇ **相关话题训练**

一、请分别从性别、年龄和受教育程度等方面,说一说在你们国家,人们对工作的态度和理解。

二、在你们国家,年轻人换工作的频率高吗?为什么?

三、你找工作时,会考虑以下哪些方面?也可以提出其他方面。然后总结一下,说说你理想的工作是什么样的。

    1. 是自己的兴趣吗?

    2. 工作有发展前途吗?

    3. 工作环境好吗? (交通方便、离家近、舒适……)

    4. 工资高吗?

    5. 职位高吗?

    6. 工作有挑战性吗?

    7. 家人支持吗?

    8. 工作轻松吗?

四、下面是某网站的一项调查,如果你要找工作,会采取下面的哪一种方法?也可以说说你自己的方法。

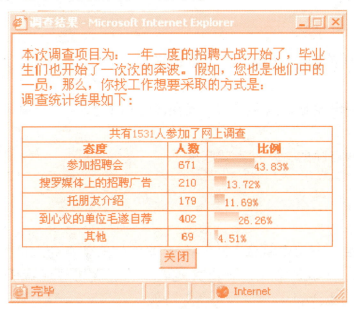

五、在你们国家,招聘广告上常常有哪些条件?

语句训练

句/式/训/练

【一】 没+动+几+量词+(名词),就……

🔑 **原句**

没上几天班,儿子就死活也不愿在"保险箱"里呆着了。

📖 **解释**

表示在很少的数量范围内就出现了某种结果。如:
(1) 他没看几分钟书就睡着了。
(2) 我的酒量不大,没喝几口酒就醉了。

💬 **表达**

(1) 今天不太饿,吃了一点儿就饱了。

(2) 这台电视是前两天买的,现在已经坏了。

(3) 我两点睡的,六点半就起床了。

【二】

🔑 **原句**

我痛恨在一个固定单位上班,我讨厌单位里复杂的人际关系,我也讨厌为了生活,干我不喜欢、不感兴趣的工作。我还特别痛恨办公室喝茶、看报、抽烟的生活。

📖 **解释**

用两个以上的相同的句式、意义相近的词语,从不同的角度表达一个主题。如:

(1) 我希望有一个稳定的工作,我希望有一个温暖的家,我还希望永远健康幸福。

(2) 这里的草原辽阔而美丽,这里的人民热情而善良,这里的生活自由而快乐。

🗣 **表达**

(1) 你喜欢什么样的工作?(环境、工资、老板……)

(2) 这部电影怎么样?(情节、演员、音乐……)

(3) 你们学校怎么样?(环境、同学、老师……)

【三】以……来看,(总说观点):第一……,第二……(分说观点)

🔑 **原句**

以我一生的经验来看,单位有几大好处:第一有固定工资,安全;第二有岗位津贴和奖金,可以让你活得比较舒服;……

📖 **解释**

说明一个人对一件事情的看法。如:

(1) 以老张来看,上下班时骑自行车是一举两得的事情:第一,时间自由,不会受堵车之苦;第二,每天骑车半个小时还可以锻炼身体。

(2) 以我来看,那个小伙子的条件不错:首先,家庭条件好;第二学历高;第三性格也很开朗。

🗣 **表达**

(1) 你认为最好的减肥办法是什么?为什么?

(2) 你认为怎么才能学好汉语？为什么？

(3) 你觉得比较好的工作是什么？为什么？

【四】再……，再……，也……

🔑 原句

再有矛盾，再恨得要命，也还是要一起工作。

📖 解释

不管出现什么情况，结果都是一样的，不会改变。如：
(1) 风再猛，雨再大，队员们也要照常训练。
(2) 你再哭再闹，我也不同意你们结婚。

💬 表达

(1) 小张打算减肥，可是不管怎么爬山、跑步，还是很胖。

(2) 不管爸爸怎么打他、骂他，他都不改变自己的主意。

(3) 无论那家公司的工资怎么高、工作条件怎么好，我也不打算去。

【五】跟/和……比起来，比较后的结果

🔑 原句

这跟单位的好处比起来，也算不了什么。

📖 解释

两种情况相比后，得到某一结果。如：
(1) 北京的天气跟上海比起来，干燥多了。
(2) 我的工作和他的比起来，更轻松一些。

表达：改写句子

（1）这次考试比上次考试难一点儿。

（2）坐地铁比坐出租车更方便。

（3）国产电器和进口电器，我更愿意买进口的。

【六】一+动词+就是+数量词语

原句

一去就是一年。

解释

表示一次动作的时间很长或数量很大。如：
(1) 她喜欢买衣服，常常一买就是两三套。
(2) 他是一个电视迷，一看就是六七个小时。

表达

（1）查理很喜欢中国文化和历史，从1985年到1997年一直住在中国。

（2）昨天我累极了，从下午六点多一直睡到早上八点。

（3）他两个星期才洗一次衣服，所以每次要洗十几件。

实战训练

一、调查

请你设计一份调查问卷，调查的对象分别是青年人、中年人和老年人，调查的内容是他们现在的工作情况、他们对自己现有工作的满意程度以及对将来工作的打算。如果青年人中有人还没有工作，请询问一下他们对未来工作的设想。下面是一些调查时可以参考的问题：

1. 您在哪个单位工作？
2. 您的单位是国家的吗？
3. 您对现在的工作满意吗？为什么？
4. 您理想的工作是什么样的？
5. 您的父母对您的工作有影响吗？
6. 如果您有机会再选择一次，您希望做什么样的工作？

调查完成后，请在班上作一个口头报告，内容要包括客观的调查情况，还要包括自己主观的看法。

二、实况模拟

实况一：

看到下面的招聘广告后，你很想得到这份工作，请填写一张个人简历表。

招聘启事

本网站现招聘网络编辑一名，要求如下：

1. 一年以上互联网行业相关工作经验。有相关媒体工作经验或大型网站编辑经验者优先考虑。
2. 文字功底扎实，具有一定的文字编辑能力，较强的信息收集、归纳、整理的能力。有良好英文读、写、译能力者优先考虑。
3. 具有一定的项目策划能力及组织经验。
4. 掌握计算机及网络知识，熟练操作office等办公室软件。
5. 细致认真，具有较强的工作责任心和主动性，具备团队合作精神。
6. 大专以上学历，年龄35岁以下。

有意者请将简历、联系方法通过E-mail发至zhp@263.net。
截止日期2004年8月2号。

姓名		性别		国籍		年龄		两寸免冠照
出生日期		联系地址						
学历		联系电话			E-mail			
特长及爱好								
学习经历		时间		毕业学校			学历	
工作经历		时间		工作单位			职务或职称	
备注								

主题一 工作

实况二：

你接到了面试通知，在面试中当你面对对方的一些"刁难"时，你该怎么回答呢？

1. 人事部经理：你对自己的汉语水平是怎么评价的？
   面试者：

2. 人事部经理：你的专业不是计算机，应聘这个工作好像不太合适吧？
   面试者：

3. 人事部经理：你为什么要得到这份工作？
   面试者：

4. 人事部经理：从你的简历上看，似乎没做过编辑这个工作啊？
   面试者：

5. 人事部经理：你认为做一名网络编辑需要具备哪些素质？
   面试者：

三、分组辩论

有人说这辈子最大的幸福就是把自己的爱好作为工作。比如你是一个足球迷，那你的工作就是足球比赛的解说员；你喜欢看书，那你就在图书馆工作最好。这可能是最理想的状态吧。可是，在现实生活中，并不是每个人都能心想事成的。很多人正在做的并不是自己喜欢的，比如不怎么喜欢数学、数字的人可能在银行工作，因此常常出错；不喜欢热闹的人却在一家歌厅工作。所以有人说一个人要先喜欢某个工作才能做好，而有人说你要先做一个工作才能慢慢喜欢它。你认为哪个有道理呢？请在班里进行一次辩论。

正方："干一行爱一行"
反方："爱一行干一行"
辩论顺序：
1. 先由正方的每个人作个人陈述，再由反方作个人陈述；
2. 自由辩论；

3. 由正方和反方各选出一名代表作最后陈述。

相关链接

⌛ **对工作的问法**

以前中国人在问别人的工作时常常这样说:"你是什么单位的?""你在哪个单位上班?"而现在,特别是在年轻人中间,我们却很少听到这样的问法了,代替它的是:"你现在在哪儿干呢?""你在哪儿发财呢?""现在干什么呢?"根据主题文章的内容,你可以想到为什么会有这样的变化吗?

⌛ **工作与服装**

有时我们用工作的服装来指代某一工作。你知道下面这些词指的是什么工作吗?

红马甲——　　白大褂——　　蓝领——　　白领——

⌛ **请说出下面句子中与工作有关的词语的意思**

1. 听说你又跳槽了?现在在哪儿发财呢?

2. 老张,高升了,恭喜恭喜啊!

3. 最近经济不景气,失业的人越来越多,在职业介绍所找工作的人就更多了。

4. 哎,真倒霉,我被"炒"了!

5. 很多大公司参加了这次人才招聘会,去应聘的多是应届毕业生。

6. 有的人想去国企发展，有的人想去外企挣钱，也有人想去政府机关当公务员。

与工作有关的俗话

1. 高不成，低不就

   【例句】他找工作啊，高不成低不就的，太难了。

2. 眼高手低

   【例句】小李这个人眼高手低，好工作干不了，一般的工作还看不上。

3. 人挪活，树挪死

   【例句】我想换工作不是什么坏事，俗话说：人挪活，树挪死，该变的时候就应该大胆地变。

主题二　文化与保护

 话题准备

◇ 在你们国家有哪些名胜古迹？你知道中国的名胜古迹吗？
◇ 你了解中国的三峡吗？请说说你的印象。

 词语准备

词/语/解/释

1. 涉及 (shèjí)

【说明】
动词。与……有关联，与……相关。常用句式：

A 涉及（到）B

【例句】
(1) 这本书涉及中国文化、历史、哲学等方面。
(2) 这件案子涉及到某些高官。

【你的句子】

2. 途径 (tújìng)

【说明】

名词。本义是"道路",现多用比喻义,表示为达到某一目的所用的关系、手段、方法等。常用句式:

> 通过……(的)途径,句子。

【例句】

(1) 公司通过多种途径才买到了这批货。
(2) 我是通过网络的途径参加这次招聘活动的。

【你的句子】

3. 大意 (dàyì)

【说明】

名词。主要的意思。

【例句】

(1) 请同学们概括一下这段话的大意。
(2) 他说了半天,大意就是让我努力学习。

【你的句子】

4. 建设

【说明】

动词。在物质或精神方面进一步发展某一公共事业。常用于"把"字句中:

> (1) 把……建设成……
> (2) 把……建设得……

【例句】

(1) 我们的目标是把学校建设成一流大学。
(2) 大家一起努力,把我们的城市建设得更加美丽。

【辨析】 建设 & 建造 & 建立

"建造"的对象是建筑物;"建立"的对象是某一组织、某种关系等。如:

(1) 司马台长城是明代建造的。

(2) 中韩两国于1993年正式建立了外交关系。

【你的句子】

5. 批

【说明】

量词。用来修饰数量多的、在时间上有共性的人或物。

【例句】

(1) 第一批货物已经到了,第二批货物将于明天送到。

(2) 我和他是同一批进入公司工作的。

【辨析】 批 & 群

"群"只用来修饰聚集在一起的很多人或很多动物。如:一群牛、一群小学生。

【你的句子】

6. 淹没(yānmò)

【说明】

动词。大水盖过了某物。也常把某物比喻成大水,使看不见、听不见等。

【例句】

(1) 河水上涨,渐渐淹没了我们的房子。

(2) 他越走越远,终于淹没在人海之中。

【你的句子】

7. 打动

【说明】

动词。语言、行为等让人感动。

【例句】

(1) 这部电影深深地打动了每一位观众。

(2) 你的甜言蜜语打动不了我的心。

【你的句子】

8. 拆 (chāi)

【说明】

动词。把组合为一体的东西分开。后边常用的补语是"开""下""掉""卸"等具有分离意义的词语。

【例句】

(1) 这些老房子早晚都要拆掉。

(2) 他拆开信封，没想到从里边掉出来一张照片。

【你的句子】

9. 即将

【说明】

副词。很快就要发生某事。常用句式：

| 即将+双音节动词 |

【例句】

(1) 比赛即将开始，请参赛运动员做好准备。

(2) 即将毕业了，大家都有些依依不舍。

【你的句子】

10. 依山傍水

【说明】

动词性。"依"和"傍"都是动词，意思是"靠着、接近"。这个词表示某个地方的自然环境很美，靠近山水。

【例句】
(1) 我的家乡依山傍水。
(2) 这是一个依山傍水的小村庄。

【你的句子】

11. 场面

【说明】
名词。在某种特定情况中的景象。

【例句】
(1) 参加婚礼的人大概有二百多人，场面非常热闹。
(2) 在机场，你可以看到很多亲人分别的场面。

【辨析】 场面 & 场所 & 场合
"场所"指某个特定的地方，如"娱乐场所、教学场所、休息场所"等；"场合"包括时间、场所、情况等综合情况。如：
(1) 开玩笑要注意场合。
(2) 这么正式的场合，你怎么穿了牛仔裤啊？

【你的句子】

12. 消失

【说明】
动词。渐渐减少直到没有。注意："消失"的后边不出现宾语。

【例句】
(1) 粮票在中国人的生活中已经消失了。
(2) 飞机越飞越高，渐渐消失在空中。

【比较】
在地铁里，消失了手机的信号。（☹）
在地铁里，手机的信号消失了。（☺）

【你的句子】

13. 反差（chā）

【说明】

名词。两种截然相反的事物的对比度。常和"大、强、明显"等词搭配。

【例句】

(1) 从城市到农村,我们可以感到明显的反差。
(2) 他在家里和在学校的表现反差很大。

【你的句子】

14. 触（chù）**动**

【说明】

动词。因某种刺激引起人的回忆、心事、隐秘等。

【例句】

(1) 他的话触动了老人的心事。
(2) 这张照片触动了我对童年的回忆。

【你的句子】

15. 丛（cóng）

【说明】

名词。指生长在一起的草木。

【例句】

(1) 草丛里跑出来一只兔子。
(2) 我们去那边的树丛里休息休息吧!

【你的句子】

16. 动力

【说明】

名词。指推动事物发展的力量。

【例句】

(1) 兴趣是学习的最好动力。
(2) 买车、买房是很多人工作的动力。

【你的句子】

17. 磕（kē）

【说明】

动词。某物碰在硬东西上。

【例句】

(1) 弟弟摔了一跤，门牙磕掉了。
(2) 我不小心磕破了一个鸡蛋。

【你的句子】

18. 踏实（tāshi）

【说明】

形容词。表示人的情绪很安定，做事的态度不浮躁。重叠式为"踏踏实实"。

【例句】

(1) 考试结果一天不出来，我就一天不踏实。
(2) 他做事一直很踏实。

【你的句子】

19. 概括（kuò）

【说明】

动词。总结归纳事物的特点，并用简明的语言表现出来。

【例句】
(1) 请你概括一下这篇文章的意思。
(2) 以上内容可以概括为三点。

【你的句子】

20. 效果

【说明】
名词。做某事后，产生的好的、希望的、理想的结果。

【例句】
(1) 你告诉我的减肥方法我试过了，效果很好。
(2) 为了练习听力，我每天听半个小时的广播，取得了不错的效果。

【辨析】 效果 & 结果 & 成果
"结果"作名词时，是中性的，可能是好的，也可能是不好的。如：
(1) 考试结果还没出来呢！
(2) 这种结果是我们每个人都不想看到的，但是它还是发生了。

"成果"是名词，特指在工作上取得的好成绩、收获。如：
这项医学成果是每个人的努力得来的。

【你的句子】

21. 积淀 (diàn)

【说明】
动词。指文化、历史、个人修养等方面的长时间的积累。

【例句】
(1) 中国的饮食文化是几千年积淀下来的。
(2) 良好的修养不是一天就可以形成的，而是需要一生的积淀。

【辨析】 积累 & 积淀
"积累"也是动词，侧重于通过学习逐渐增加知识、经验等，因此句子的主语可以是人。如：

工作了五年，他积累了不少教学经验。

而"积淀"的对象则不能通过学习增加，而是一种随着时间的、自然的增加，因此句子的主语不能是人，只能是"文化、历史"等。

【比较】

(1) 知识需要一点一点地积淀。（☹）
    知识需要一点一点地积累。（☺）

(2) 每个国家的传统习俗都是长时间积累下来的。（☹）
    每个国家的传统习俗都是长时间积淀下来的。（☺）

【你的句子】

词／语／练／习

一、辨析

1. 建设　建立　建造
   (1) 我们和蓝岛商厦（　　）起了良好的合作关系。
   (2) 只一年多的时间，道路两边就（　　）起了一座座高楼。
   (3) 只有每个人都努力，我们的公司才能（　　）得更好。

2. 场面　场所　场合
   (1) 在公共（　　）不能吸烟。
   (2) 看到车祸的（　　），孩子吓哭了。
   (3) 这儿有很多长辈，你说话要注意（　　）。

3. 成果　效果　结果
   (1) 体检的（　　）已经通知大家了。
   (2) 我们研究所的科研（　　）获得了国家级金奖。
   (3) 病人对手术的（　　）非常满意。

4. 积累　积淀
   (1) 你刚刚开始工作，需要慢慢（　　）经验。
   (2) 悠久的历史给后人（　　）下了丰厚的文化财产。

二、用"词语解释"中的词语改写句子中画线的部分

1. 快考试了，除了学习，别的你什么都别想。

2. 我是通过留学中介公司去加拿大学习语言的。

3. 你的报告太长了，能不能简单说明一下主要的意思？

4. 入学考试的内容包括中国文化、历史和现状。

5. 城市的污染非常严重，连星星也看不到了。

6. 马上就要回国了，我真有些舍不得离开这里。

7. 本来父母不同意他们的婚事，不过最终他们的爱让父母改变了想法。

主题文章

◇ 文章背景

　　郑云峰，江苏徐州人，中国摄影家协会会员。20世纪80年代起开始拍摄长江、黄河，并把拍摄两河作为终身理想。1997年2月他进入三峡地区，几年来抢拍了照片共5万多张，作品涉及三峡地区的自然风光、风土人情和历史遗存等各个方面。

◇ 三峡改建介绍

　　长江三峡水利枢纽，是当今世界上最大的水利枢纽工程。1994年6月，由美国发展理事会（WDC）主持，在西班牙巴塞罗那召开的全球超级工程会议上，她被列为全球超级工程之一。三峡工程分三期，总工期18年。一期5年（1992年—1997年），二期工程6年（1988年—2003年），

三期工程6年（2003年—2009年）。2009年整个工程完成后，区内人文和自然景观将有39处被全部或部分淹没，约占库区旅游景点的百分之十三。

　　为了兴建三峡工程，从上世纪20年代至今的七十余年里，中国几代科技人员进行了长期的研究，倾注了大量心血。由于三峡工程涉及面广，规模浩大，又有许多复杂的技术问题，因而引起了社会各界广泛的关注。在全国上下一片支持声中，也有表示反对的；有的则对大坝的安全问题、社会环境与生态环境的影响问题等还有种种疑虑。

留住三峡

记　　者：拍三峡的计划是什么时候开始的？

郑云峰：那应该是九七年的一月份。

记　　者：你是通过什么途径听到这个消息的？

郑云峰：广播。

记　　者：里边怎么说的？

郑云峰：大意是关于三峡建设的，三斗坪的第一批移民已经住上新房了。

记　　者：当时你的反应呢？

郑云峰：当时我就一惊。这么多的东西都要淹没在水下了，我觉得应该把它记录下来。

记　者：最初的想法是要拍多长时间？有没有想到一拍会拍到现在？

郑云峰：没有，一去就是七年，这有一个过程。一开始走进去，慢慢进去了，进去了就出不来了，非拍不可，不拍不行。

记　者：什么打动了你？

郑云峰：就是那些青石板路，那些还没有拆的、但即将要拆的、依山傍水的那些古老的建筑，拆了可惜啦，这是一点。第二点从当时三峡大坝建设的过程中，因为我天天经过那里看到从早到晚的爆破，那些来来往往的运石头的车辆，我觉得那种场面也是很动人的。

记　者：当你把镜头①对准即将消失的青石板的时候，对准即将消失的老房子的时候，你再看这些新的工地，你的感情是一样的吗？

郑云峰：矛盾的，一直到现在我都认为是矛盾的。随着我到三峡时间长了，越进入，我就觉得这种矛盾反差越大。我觉得里边有一个感情的问题，一开始，说句老实话，我走进三峡的时候，可能是冬天的原因，我看到的三峡是天灰、山灰、水也灰，拍照片提不起劲来。

记　者：这是第一印象？

郑云峰：对，一开始就这么一个印象，但是我还得坚持拍呀，因为我下定决心了，我觉得这是值得拍的，不管怎样我应该把它记录下来。这样一来，我天天在船上，在清石小镇，有许多的船民，我天天和他们生活在一起，一大早跟他们去捕鱼，风里浪里，慢慢地有感情了。

记　者：你到底是喜欢三峡的风光呢，还是喜欢三峡的人民？

郑云峰：开始是风光，三峡的自然是很美的。有一次对我触动很大，我花了两三个小时，爬到了飞凤峰的山顶在雨中看三峡，就看到长江从天而降，像一条红色的游龙，腾云驾雾②从万山

---

① 镜头：照相机上的由透镜组成的光学装置。
② 腾（téng）云驾（jià）雾：形容传说中的龙在云雾上飞的样子。

丛中过来了，我非常激动，那个时候我看到山在动，人在动，江水在动，感觉到了飞动的、流动的三峡。我激动极了，拼命拍，拼命拍，没吃没喝，一直拍到16个胶卷全拍完了，那个时候才感到累了。

记　　者：这么说，您认识了以前没有见过的一个长江？这也就是你继续拍下去的动力吗？

郑云峰：不，那种自然力量固然对我很重要，但最重要的还是生活在三峡上的人。我记忆比较深刻的是，我采访了姓于的一家，当时他们在祖坟前摆上了水果，烧了香，放了鞭炮，然后于老大领着全家跪在祖坟前，嘭嘭磕了三个响头，说：爹、娘，我们要走了，向你们告别了。然后他拿出一块白布，捧了两捧土，把它包起来，带走了。我看到的是，他把这包土放在行李的正中间，拖家带口地上了船，上船的时候，还回望他们的家。

记　　者：还有什么感动了你？

郑云峰：我拍过一个移民，他曾经给我开过船，也曾经给我背过东西，我们俩就像兄弟一样。他要搬迁到湖北新家前，我说："老弟，你明天就要到新家了，那个家、那个环境怎么样？"他说："不差。"我又说："你到了一个新家，人生地不熟，又得苦一阵子了。"他笑笑说："咱从山里苦过来的人，顶得住，没有过不去的火焰山。"听到这句话以后，我心里踏实了，我看到了这才是三峡人。

记　　者：你能不能概括一下，你做这件事的目标是什么，你期望有一个什么样的效果？

郑云峰：我想让世人认识我们的传统文化。没有三峡这些传统的、几千年文化积淀起的东西，怎么会有我们现在的今天？我觉得它们是我们建造现代高楼大厦的基础。

记　　者：你拍过的东西，在蓄①水到175米之后能留下的还有多少？

郑云峰：我拍的大部分都是要淹没的东西，因为现在的三峡是一个运动的三峡，是一个急流涌进的三峡，是一个大江东去的三

---

① 蓄（xù）：积存。

峡，但是2009年以后，它就是一个特大型水库了，是一个大湖了，是一个平静了的、碧波荡漾①的三峡。

(选自 http://www.cctv.com)

 话题训练

◇ 文章话题训练

一、郑云峰拍摄三峡的动力是什么？

二、在拍摄三峡的过程中，郑云峰的想法、感情等发生了什么样的变化？

三、你觉得三峡蓄水后，淹没的是什么？

◇ 相关话题训练

一、请介绍一下你们国家为保护环境所采取的措施。

二、请举一些人类破坏环境的例子。

三、你认为人类与自然的关系是什么？请说明你的理由。

    1. 人类利用自然

    2. 人类创造自然

    3. 人类改造自然

    4. ……

四、当人类的发展需要与保护自然环境产生矛盾时，你觉得应该怎么解决？

五、你搬过几次家？请说说你搬家的经历、原因和你当时的心情。

六、你能说出人类的发明中破坏自然环境的几种东西吗？

七、人们在生活中应该怎么保护环境？请给出一些具体的建议。

---

① 碧 (bì) 波荡 (dàng) 漾 (yàng)：形容水面在风中晃动的样子。

语句训练

句/式/训/练

【一】 一+动词+（就/会）+动词+到+时间

🔑 原句

有没有想到一拍会拍到现在？

📖 解释

表示做某事持续的时间很长，一直做到某一时间。如：
(1) 星期天的上午我一睡就睡到了十点半。
(2) 我不想和他们去吃饭，一吃就得吃到下午，太浪费时间了。

 表达

(1) 有的人玩儿电脑游戏一直到凌晨三四点。

(2) 我从出生时就住在这儿，结婚后才搬出去的。

(3) 他是去年九月住院的，到今年三月才出院，耽误了一个学期的课。

【二】 非+动词+不可，不+动词+不行

🔑 原句

非拍不可，不拍不行。

📖 解释

两个句式同时出现，表示要做某事的坚定决心和意志。如：
(1) 他非要妈妈给他买这个玩具不可，不买不行。
(2) 这件事非你做不可，你不做不行。

🗣 **表达**

(1) 你的朋友病了，可是不肯吃药，你怎么说？

(2) 参加比赛一定要赢。

(3) 妹妹特别喜欢看韩国电视剧。

【三】 情况₁，这样一来，情况₂（一般是情况₁的结果）

🔑 **原句**

<u>这样一来</u>，我天天在船上，在清石小镇，有许多的船民，我天天和他们生活在一起。

📖 **解释**

某种情况（情况₁）引起了另一种情况（情况₂）。如：
(1) 商店进行了一系列的促销活动，这样一来，库存的商品都卖出去了。
(2) 父母每天逼迫孩子学习，这样一来，孩子的成绩反而下降了。

🗣 **表达**

(1) 情况₁：银行的存款利率下降了很多。
　　情况₂：把钱存在银行里就不如把钱花了。

(2) 情况₁：买汽车的个人越来越多。
　　情况₂：？

(3) 情况₁：？
　　情况₂：我们去云南旅游的计划就泡汤了。

【四】 固然……，不过/可是/但是……

🔑 **原句**

那种自然力量<u>固然</u>对我很重要，<u>但</u>最重要的还是生活在三峡上的人。

解释

先肯定某一情况，再提出与之相反的、不同的看法或意见。如：

(1) 这件事固然是他错了，不过你也不应该打他啊！

(2) 今天的天气固然很好，可是我懒得出去，你自己去吧！

表达

(1) （妻子和丈夫吵架后）

　　妻子：他是男人，本来就应该让着我嘛！

　　妻子的妈妈：_____

(2) （小亮准备买辆车）

　　小亮的爸爸：小亮啊，买车的时候，一定要考虑它的价钱啊！

　　小亮：_____

(3) （两个朋友）

　　A：这世界上最重要的东西就是钱！

　　B：_____

词/语/训/练

一、用指定词语完成对话

1. 说句老实话

　　A：你对老师的教学方法满意吗？

　　B：_____

2. 提不起劲来

　　A：听说小王刚刚失恋了？

　　B：_____

3. 人生地不熟

　　A：刚到国外时，感觉怎么样？

　　　　B：_____

4. 顶不住
　　　　A：他这么年轻，怎么会自杀呢？
　　　　B：_____

5. 没有过不去的火焰山
　　　　A：这次考试如果不及格我可怎么办啊？
　　　　B：_____

二、体会下面句子中"对"的意义
　　1. 姐姐对着镜子化妆呢！
　　2. 你对一下笔记，咱们俩记的可能有一些不同。
　　3. 我和同屋很对脾气。
　　4. 你会背这首诗！那我说上句，你对下句。
　　5. 他和那个女孩子对上眼儿了！
　　6. 请大家对号入座。
　　7. 今天办公室里的气氛有点儿不对劲啊？

实 战 训 练

一、调查1
　　请在你居住的城市中作一个小范围的调查：
　　调查对象：中老年人　　　调查内容：城市的变化
　　向大家说明你的调查结果。

二、调查2
　　对于修建三峡水利工程，有人反对，有人支持。请对此进行调查，并宣布你的调查结果。内容包括：

1. 共调查了多少人的看法，其中支持的人数和反对的人数各是多少；
2. 支持的人的理由和反对的人的理由各是什么；
3. 听了他们的理由后，你支持哪一方，为什么。

三、讨论

北京是一座历史悠久的城市，除了众所周知的名胜古迹以外，古城墙、胡同、四合院都吸引了很多人的目光。但是在发展过程中，古城墙被拆了，胡同越来越少，四合院只留下了几座……不仅北京，很多城市都面临着这样的问题，在发展中如何保留自身的文化、传统？请大家献计献策。

相关链接

⌛ 围海造田

荷兰是世界上著名的低地国家。1000多年来，荷兰人一直在与大海"作对"，筑堤防潮，围海造田，但形势一直不容乐观。据联合国一家机构预测，本世纪荷兰的降雨量将增加25%，海平面将升高109厘米，这意味着许多荷兰人的家园将被海水淹没。因此，荷兰人改变了与水斗争的策略，而与它"和平共处"，发明了"两栖"住房。这些房子的主体由轻质木材建造，下面没有地基，而是中空的水泥基座。这些房屋平时"站"在陆地上，水涨上来的时候能够像船一样浮起来。房子用滑链拴在5米长的停泊桩上，因此不会"随波逐流"。房屋内的电缆、水管和排污管都通过软管与陆地相连。在涨水期，人们得乘船从停车的堤坝回到水上的家。

⌛ 赤潮

我国海域赤潮频频出现。赤潮（在特定的环境条件下，海水中某些浮游植物、原生动物或细菌爆发性增殖或高度聚集而引起水体变色的一种有害生态现象）作为海洋污染的告示牌，连年在中国海域大规模出现。

2004年也并不例外。国家环保总局副局长潘岳在5月14日紧急通报了我国今年最大一起赤潮———浙江舟山附近海域发生的面积约8000~10000平方公里特大赤潮灾害。更令人担心的是，这起赤潮含有麻痹性贝毒毒素成分。专家提醒，应警惕在该海域捕捞的蚶、蛎、贝、蛤、蟹、螺类水产品所含贝毒对人体健康可能产生的影响。

全球变暖

　　近百年来，地球气候正经历一次以全球变暖为主要特征的显著变化，国内外科学家对未来100年全球气候变化进行预测的结果表明：地球平均地表气温到2100年时将比1990年上升1.4到5.8摄氏度。近50年的气候变化很可能主要由人类活动造成。20世纪以来，1998年最暖，2002年和2003年分别为第二和第三暖年。20世纪北半球温度的增幅可能是过去1000年中最高的。而大陆地区尤其是中高纬地区降水增加，非洲等一些地区降水减少。厄尔尼诺、干旱、洪涝、风暴、高温天气和沙尘暴等极端天气气候事件的出现频率和强度增加。

主题三 宠 物

 话题准备

◇ 哪些动物是宠物？
◇ 你最喜欢的动物是什么？为什么？

 词语准备

词/语/解/释

1. 看（kān）

【说明】

动词。注意某处或某人，使其处于安全状态。常用于一些词语中，如"看守（犯人）""看护（病人）"。

【例句】

(1) 她现在当保姆，给别人看孩子呢。
(2) 你在这儿看着行李，我们去那边买点儿吃的。

【你的句子】

2. 陪伴

【说明】

动词。和某人在一起，使其不感到寂寞孤独。

【例句】

(1) 不管遇到什么困难，只要有家人陪伴在身边，我就会感到安心。
(2) 你的爱会永远陪伴着我。

【辨析】 陪伴 & 陪

"陪伴"侧重"作伴"，在较长的时间里，一直在一起；"陪"侧重和别人一起去做一件具体的事情。

【比较】

妈妈病了，我要陪伴她去医院。（☹）
妈妈病了，我要陪她去医院。（☺）

【你的句子】

3. 名贵

【说明】

形容词。某物有名而少见，价钱很高。

【例句】

(1) 这块手表非常名贵，价值上万元。
(2) 我家没有什么名贵的装饰品，都很一般。

【辨析】 名贵 & 珍贵 & 宝贵

名贵：物品的种类有名而少见。珍贵：某个物品很特别，因此很重要。宝贵：时间、经验、感情等抽象事物很难得，因此很重要。

【比较】

(1) 这块手表对我来说很名贵，因为它是我爷爷的遗物。（☹）
　　这块手表对我来说很珍贵，因为它是我爷爷的遗物。（☺）

(2) 留学生活虽然很辛苦，但也是一段名贵的人生经验。（☹）
　　留学生活虽然很辛苦，但也是一段宝贵的人生经验。（☺）

【你的句子】

4. 任凭 (píng)

【说明】

动词。不管某人做什么都没关系。常用句式：

> 任凭+人+做某事

【例句】

(1) 妈妈和朋友们聊天儿，却任凭孩子在旁边哭。
(2) 任凭他自己去选择专业吧。

【你的句子】

5. 改善

【说明】

动词。改变某种条件，使它变得更好。

【例句】

(1) 经济的发展改善了人们的生活。
(2) 很多人的居住条件需要改善。

【辨析】 改善 & 改进 & 提高

这三个词的基本意义相似，但是搭配的名词不同。与"改善"搭配的名词一般是"生活、条件"等；与"改进"搭配的名词一般是"方法、技术"等；与"提高"搭配的名词一般是"水平、质量、要求"等。

【你的句子】

6. 弥漫（mímàn）

【说明】

动词。某个空间里充满了某种味道、烟气。常用句式：

处所+弥漫着+名词（味道、空气……）

【例句】

(1) 屋子里弥漫着茶的清香。
(2) 浓烟很快在房间里弥漫开来。

【辨析】 弥漫 & 充满

"充满"常与"感情、希望、矛盾"等抽象名词搭配。如：

(1) 他对前途充满了希望。
(2) 我心里充满了矛盾，不知道怎么办才好。

【你的句子】

7. 物色

【说明】

动词。为某种目的寻找合适的人。

【例句】

(1) 电影导演正在物色女主演。
(2) 我想找一个同屋，你帮我物色物色。

【你的句子】

8. 叮嘱（zhǔ）

【说明】

① 动词。反复强调来引起听话人的注意。
② 名词。反复强调来引起别人注意的话。

【例句】

(1) 考试前，老师叮嘱我们不要紧张。

(2) 我一定不会忘了父母对我的叮嘱。

【你的句子】

9. 巨大
【说明】

形容词。形容体积、声音、压力等非常大。常用在名词前作定语,并且前边不能出现程度副词"很、非常"等。

【例句】
(1) 那巨大的广告牌在很远就可以看到。
(2) 巨大的爆炸声吓坏了每个人。

【你的句子】

10. 必不可少
【说明】

形容词性。非常重要,不能缺少。常用句式:

> ……是必不可少的

【例句】
(1) 之所以能成功,大家的团结合作是必不可少的。
(2) 想应聘这个职位的话,具有大学本科学历是必不可少的条件之一。

【你的句子】

11. 满载(zài)而归
【说明】

动词性。车、船上放满了东西回来。可以用来比喻非常有收获、有成果。

【例句】
(1) 妈妈和她的朋友逛商场回来了,看样子她们都是满载而归。
(2) 在美国留学三年,终于要满载而归了。

【你的句子】

12. 蒙（mēng）

【说明】
动词。欺骗，多用于口语。

【例句】
(1) 快把真实情况告诉我，别蒙我。
(2) 别相信他，他蒙你呢，那个不是吃的。

【你的句子】

13. 心态

【说明】
名词。在某一特别情境中的心理状态。

【例句】
(1) 比赛时要保持良好的心态才能取得胜利。
(2) 在激烈的竞争中，保持平和的心态是非常重要的。

【辨析】 心态 & 心情
"心态"强调某种特定的心理，如在比赛中，竞争中；"心情"则没有这个意思。

【比较】
男朋友出国留学了，所以小雨最近的心态不好。（☹）
男朋友出国留学了，所以小雨最近的心情不好。（☺）

【你的句子】

14. 极端（duān）

【说明】
① 名词。事物发展方向的顶点。

② 形容词。表示极高的程度。多贬义。

【例句】
(1) 你对大家极端不负责。
(2) 事物都有正反两个极端。

【你的句子】

15. 悠(yōu)闲

【说明】
形容词。不紧张，比较自由的状态。

【例句】
(1) 周末，很多家庭来到湖边悠闲地散步。
(2) 我向往悠闲的生活。

【辨析】 悠闲 & 休闲
"悠闲"可作谓语或定语，侧重于说明生活状态和行为状态。"休闲"多作定语，说明某种用于休息娱乐的物品。如：休闲食品、休闲服、休闲鞋。

【你的句子】

16. 假装

【说明】
动词。没有做某事，但是故意表现出做的样子。常用句式：

假装+动词性词语

【例句】
(1) 他假装睡着了。
(2) 迈克假装没看见我。

【你的句子】

17. 流露 (lù)

【说明】

动词。通过表情、语言等表现出某种感情态度。

【例句】

(1) 和他聊天儿时，他常常流露出对公司经理的不满。
(2) 张明是一个不太流露自己感情的人。

【你的句子】

18. 足足

【说明】

副词。后边可以直接加数量词语，也可以加动词，但是动词后也要有表示数量的词语。因此表示的是数量较多、较长、较高的程度。常用句式：

> (1) 足足+数量词语
> (2) 足足+动词+数量词语

【例句】

(1) 他们用了足足三个月才完成这个工作。
(2) 这场足球比赛足足踢了两个小时，可还是没分出输赢。

【你的句子】

19. 凑

【说明】

动词。把一些人或物放在一起，以满足一定的数量要求。

【例句】

(1) 他们几个人凑钱开了一家公司。
(2) 我们要凑五个人去参加篮球比赛。

【辨析】 凑 & 聚

"凑"的对象可以是东西，也可以是人；从意义上看，更侧重于满足一定的数量。"聚"是人的行为，因此表示人的名词只能是"聚"的主语，而不是宾语；从意义上看，更侧重于团圆。

【比较】

(1) 他们几个人聚钱开了一家公司。（☹）
    他们几个人凑钱开了一家公司。（☺）

(2) 我们要聚六个人去参加篮球比赛。（☹）
    我们要凑六个人去参加篮球比赛。（☺）

(3) 周末有时间吗？我们班的同学要凑一凑。（☹）
    周末有时间吗？我们班的同学要聚一聚。（☺）

【你的句子】

20. 配

【说明】

动词。给某物另外增加一个部分，一般来说新增加的部分是次要的，不是一定需要的。

【例句】

(1) 我想穿红色的毛衣，应该配什么颜色的裤子呢？
(2) 他们给这套新沙发配了一张茶几。

【你的句子】

21. 倍加

【说明】

副词。多用在表示某种心理状态的双音节动词前，如：关心、爱护、小心、珍惜等。表示更高的程度。

【例句】

(1) 一个人在外生活，要倍加小心。
(2) 年纪大了，对时间就倍加珍惜。

【你的句子】

词/语/练/习

一、辨析
 1. 名贵 ⌇ 宝贵 ⌇ 珍贵
  (1) 在国外留学虽然有很多不便，但也是（　　）的人生经验。
  (2) 他家养了一条（　　）的狗。
  (3) 这是我父亲在世时惟一的一张照片，所以非常（　　）。

 2. 改善 ⌇ 改进
  (1) 这台机器的某些功能还需要（　　）。
  (2) 和以前相比，商店服务员的态度（　　）了很多。

 3. 弥漫 ⌇ 充满
  (1) 年轻人总是对未来（　　）了希望。
  (2) （　　）的大雾使飞机不能正常起飞和降落。

 4. 心态 ⌇ 心情
  (1) 对老年人来说，保持年轻的（　　）非常重要。
  (2) 考试结束了，大家的（　　）都轻松了很多。

 5. 悠闲 ⌇ 休闲
  (1) 平时我穿（　　）装，不喜欢穿正装。
  (2) 几个人在湖边（　　）地钓鱼。

 6. 凑 ⌇ 聚
  (1) 他东借西借，终于把钱（　　）齐了。
  (2) 这个周末有时间吗？我们大学同学有一个（　　）会，你也来吧！

二、用"词语解释"中的词语改写句子中画线的部分
 1. 我的儿子都三十多了，还没<u>对象</u>呢，你帮忙给找一个吧！

2. <u>他的小狗在咬他的鞋，他却不管</u>。

3. 来中国前，父母<u>对我说了很多次</u>，要我一定注意身体。

4. 中国女子排球队获得了世界冠军，<u>将于明日回国</u>。

5. 要想得到这份工作，<u>一定要有大学文凭</u>。

6. <u>他用了一年的时间才完成这篇论文</u>。

主题文章

宠 物 情 缘

养猫不为抓耗子，养狗不为看家，养鱼不为吃肉，这就是最新的宠物情缘①。

小冬和他的猫

小冬来北京已经四年了，他29岁，还没有女朋友，陪伴他的是猫。最

---

① 情缘：这里指人类与动物之间感情的缘分。

多的时候他养过5只猫，最少的时候也有3只猫每天等他回家。

小冬养猫就是养着他们，而从来不会像女孩子那样抱他们、亲他们。小冬的猫也不是什么名贵品种，只要有人送他猫，他几乎都收下。他养猫就是为了让家里有点"活物"，因此任凭他们在自己作画的时候打翻颜料瓶，把画纸撕得乱七八糟。

小冬收入并不高，每月还要花费一笔对他来说不菲①的猫粮钱，另外每逢过年过节，他都要给猫咪们改善一下，给他们买些罐头。他还要做一项工作——给猫洗澡，特别是有新成员进家时。小冬的家不大，有些乱，一到夏天，猫咪们上厕所难的问题就出来了，厕所和门厅里弥漫着猫屎味儿。小冬说，这他早就习惯了，没什么大不了，但卧室里和自己身上是一定不能有猫屎味儿的，所以他有各种香型的空气清新剂和许多名牌香水。

前些日子，小冬家又"添丁进口②"，母猫花花生了一窝小猫，一共5只。小冬这次实在养不起他们了，于是便给他的猫物色新主人。谁要是被小冬看上了，不仅可以得到一只猫，还可以被请吃一顿饭。饭桌上，小冬会叮嘱好几遍，如果不想养了，就把猫还给他。

小春和她的鱼

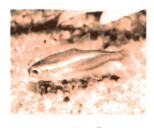  

红绿灯③　　　　　　　　黑裙④　　　　　　　　万宝路⑤

小春是从父母家里搬出来才开始养鱼的，房间里最重要的，除了床、电脑桌、椅子和一个小衣柜，就是她那巨大的鱼缸了。鱼缸装饰得非常漂亮，有假山有水草，当然，最美的还是那些五颜六色、形态各异的鱼。看

---

① 不菲（fēi）：价钱不一般，很贵。
② 添丁进口：一个家庭增加了人口。
③ 红绿灯：因有红、绿两种颜色，像红绿灯而得名。
④ 黑裙：因尾鳍像黑色的裙子而得名。
⑤ 万宝路：因像"万宝路"香烟烟盒的颜色而得名。

见他们，就可以想到小春必不可少的假日生活——买鱼。花鸟市场是小春常去的地方，那里鱼的品种多，逛上半天一定是满载而归。养了这么长时间鱼，小春现在可以说是个行家，而不是门外汉① 了，什么"红绿灯""黑裙""万宝路"——她都能叫得出名字，也知道价钱，谁也别想蒙她。小春比较喜欢热带鱼，他们的颜色让她喜欢。

小春说，她最喜欢的休闲方式就是喂鱼、给鱼换水、看着鱼儿们游来游去，那时候觉得自己的心态特平和。小春明年就要结婚了，她的陪嫁② 就是一缸美丽的鱼。

小夏的动物园

乌龟（guī）

刺猬（cìwei）

蛐（qū）蛐

小夏喜欢的宠物比较特别，他喜欢走极端，要不然喜欢那种安静的动物，比如说乌龟、刺猬，要不然就是喜欢那些特别吵的小东西，比如蛐蛐。

小夏的乌龟5岁了，他喜欢看他肚子朝上、四腿朝天的样子，他觉得乌龟真是可爱，他们的慢性子正好能让小夏在百忙之中悠闲一下。

小夏的刺猬去年死了，小夏很伤心。他喜欢刺猬，因为他原来以为，刺猬就是一个像仙人球一样安安静静的小动物，但看到同学的妹妹养了一只会假装睡觉，又会打喷嚏的刺猬，他觉得刺猬原来也是一种很人性化的动物，那就和自己做个朋友吧，于是把同学妹妹的刺猬用一个小盒带回了家。小夏最喜欢看刺猬打滚的样子。

小夏的蛐蛐曾经遭到全家人的反对，因为他们太吵了。结果，小夏的蛐蛐在他一次外出旅行时被妈妈从阳台扔了下去。

---

① 门外汉：外行。
② 陪嫁：女子出嫁时，娘家送的礼品。

小秋的"7天"

"我也有一只宠物,但他不会呼吸。他能和我交流,但我从来没听到过他的说话声,因为我用的谈话工具是手指头,而他的'话语'是我从屏幕上看到的。"一边上网,一边说话的小秋看着他17英寸的屏幕,眼中流露出充满父爱的神情。

小秋的电脑是自己攒①的,他那时没钱,跟老爸老妈借了钱,在中关村转了快一个礼拜才买回了一堆性能价格比最高的配件,然后和表哥把它们凑成一台很像样的电脑。他们还给电脑起了个名字叫"7天",因为足足7天它才"生"出来。小秋为"7天"配了一个速度奇快的"猫②"。"猫"很累,小秋也挺心疼的,但没办法,他天天都要用,他离不开"7天"。 在"7天"的帮助下,小秋在网上认识了不少朋友。小秋说,这些朋友就是"7天"的灵魂,同他们聊天儿,就是在与"7天"交流。

"7天"的确是小秋的宠物,小秋对他倍加爱护,除了给他配了一个漂亮的台灯,还为他设计了一个自己画的屏幕保护。墙纸上是小秋最喜欢的香港女影星朱茵,小秋说那是他给"7天"介绍的女朋友。

(选自 http://sina.com.cn)

话题训练

◇ 文章话题训练

一、小冬为什么养猫?他是怎么照顾猫的?
二、小春从养鱼中得到了什么?
三、小夏喜欢刺猬的理由是什么?
四、小秋的"7天"是怎么"出生"的?

---

① 攒(cuán):这里指自己组装电脑。
② 猫:modem。

◇ 相关话题训练

一、你养过宠物吗？给大家介绍一下它的样子和生活习性，并说说你和宠物之间的感情或故事。

二、在你们国家养宠物有什么限制吗？

三、你觉得养宠物时应该注意什么？你认为哪些人不适合养宠物？

四、养宠物有什么利弊？

五、你认为在养宠物的人心中，宠物是什么？请从下列选项中选择并说明为什么。

    1. 伴侣
    2. 朋友
    3. 家庭成员
    4. 玩具
    5. 向别人炫耀的东西

六、现代社会中，养宠物的人越来越多。你觉得其中的原因是什么？请具体说明。

七、请你说出一些可以描述宠物的形容词。

句/式/训/练

【一】 最+形容词$_1$……（数量$_1$），最+形容词$_2$+也+……（数量$_2$）
（形$_1$和形$_2$意思相反）

🔍 原句

最多的时候他养过5只猫，最少的时候也有3只猫每天等他回家。

📖 解释

用在两种完全相反的情况下的两组数字说明同一个情况。如：
(1) 每年来这里的游客非常多，最多可达二十多万，最少也有五六万。 （游客很多）
(2) 他最瘦的时候是50多公斤，最胖的时候也只有60多公斤。 （他很瘦）

👩 表达

(1) 你的朋友很能喝啤酒。

(2) 上下班时，这里堵车的时间很长。

(3) 一套打折以后的名牌服装还是非常贵。

【二】 每逢……，都/常常/总是……

🔑 原句

每逢过年过节，他都要给猫咪们改善一下，给他们买些罐头。

📖 解释

在某个特定的时间，都会出现有规律的情况。如：
(1) 每逢他的生日，妈妈总给他做一碗长寿面。
(2) 每逢家里来客人，妻子都把房间收拾得干干净净的。

👩 表达

(1) 每年春节，全家人才有机会在一起吃一顿"团圆饭"。

(2) 每年樱花盛开的时候，这里就会迎来各地的游客。

(3) 一说到自己的孩子，妈妈们都有说不完的话。

【三】 没什么大不了

原句

这他早就习惯了,没什么大不了。

解释

说明态度,认为某件事不重要。如:
(1) 今年没考上大学没什么大不了的,明年还有机会。
(2) 现在,出国留学已经没什么大不了的了。

表达

(1) 你的朋友和男朋友分手了,她很难过。你怎么劝说她?

(2) 对他来说,花四十万买一套房子不贵。

(3) 你病了,你的父母知道后很担心,你怎么安慰他们?

【四】 动词+上+数量词语

原句

逛上半天一定是满载而归。

解释

表示动作达到一定的时间或数量,可以满足某种需求了。如:
(1) 饿死了,吃饭的时候我一定要吃上两碗。
(2) 每天你只要运动上一个小时,就一定能减肥。

表达

(1) 我太喜欢猫了,所以打算养几只。

(2) 暑假有两个月的时间,大家可以痛痛快快地玩儿了。

（3）刚开始开车，紧张是难免的，但是只要你开两个月，就没事了。

【五】 要不然……，要不然（就/就是）……

🔑 原句

要不然喜欢那种安静的动物，比如说乌龟、刺猬，要不然就是喜欢那些特别吵的小东西，比如蛐蛐。

📖 解释

在两种情况中只选择一个。如：
(1) 他不在宿舍，要不然去教室了，要不然就是去图书馆了。
(2) 每天下午，我要不然打乒乓球，要不然就是打羽毛球。

💬 表达

（1）你对喝饮料的选择。

(2) 你对电视节目的选择。

(3) 你对银行的选择。

【六】 在……的+名词+下，……
（名词多具有表示对别人的某种行为或某种态度的意义）

🔑 原句

在"7天"的帮助下，小秋在网上认识了不少朋友。

📖 解释

表示因为有某种前提条件（多与人的行为、态度有关），所以出现了某种结果。如：
(1) 在大家的责问下，他终于承认了自己的错误。
(2) 在导游小姐的引导下，我们来到了湖边。

表达

(1) 在他生病住院期间,妈妈一直在他身边照顾他,他渐渐康复了。

(2) 因为有朋友们的支持,他顺利地完成了工作。

(3) 由于人们注意保护环境了,空气污染减少了很多。

词/语/训/练

一、读下面的句子,体会"打"的多义性

1. 我和你打赌,他肯定已经结婚了。
2. 他肚子疼得在床上打滚。
3. 他一连打了好几个哈欠。
4. 小明不喜欢和别人打交道。
5. 鼻子怎么流血了?是不是和人打架了?
6. 对不起,我打听一下,去新华书店怎么走?
7. 我宁可吃几天药,也不要打针。
8. 她打字的速度很快。
9. 孩子们都很喜欢打雪仗。

二、说出下面与数字有关的四字格短语的意思并模仿造句

1. 男生的宿舍总是乱七八糟的。

2. 公园里的花五颜六色,格外美丽。

3. 他对女朋友真是一心一意的。

4. 这件事比较复杂,三言两语说不清楚。

5. 游客来自四面八方。

6. 你放心吧，这件事已经十拿九稳了。

 实战训练

一、假如你的宠物不小心丢了，请你写一张"寻……启事"。要包括以下几方面的内容：
　　1. 宠物的样子
　　2. 丢失的时间和地点
　　3. 酬谢方式
　　4. 联系方式

二、互动游戏
　　请一个学生描述某种动物的样子、生活习性等，大家猜一猜是哪种动物。

三、主题演讲
　　对于养宠物，有两种观点：一种认为在现代社会中，还有很多人过着吃不饱穿不暖的生活，可是有的人为了自家的宠物却花费了很多钱，不如用这些钱帮助那些穷人；而另一方则不同意，认为对待宠物的态度是人类素质的表现，并不是人重要还是宠物重要的问题。你怎么看这个问题？请以此为内容，自己确定题目，进行演讲。

相关链接

- **你知道吗？**

  1. 与宠物有关的行业有哪些？
  2. 什么是"电子宠物"？为什么有的人喜欢这种"宠物"？
  3. 对动植物的称呼

     (1) 公—母：公鸡、母鸡；公牛、母牛

     (2) 雄—雌：雄狮、雌狮；雄花、雌花

     (3) ……妈妈—爸爸—小……：马妈妈、马爸爸、小马

- **请按照你们国家的习惯把下面的形容词和动物联系起来**

猴子	懒、不忠实
猫	笨、懒
牛	凶狠、好色
狐狸	聪明、灵活、瘦
狼	老实
猪	顺从、可怜
羊	狡猾

- **中国小动物保护协会 (china small animal protection association)**

  1992年9月成立，现在有会员2000人左右，在国际动物保护组织的帮助下，建立了救护收容小动物的基地，成立了小动物防疫、保健和治疗中心，曾对北京市限制养犬的法规中收费高、遛狗时间限制、没收无证狗等不合理的地方提出建议。

- **电影《卡拉是条狗》**

主题四　遭　遇

 话题准备

在消费中，如果你受到了不好的服务，或者你买的商品出现了质量问题，你怎么办？

 词语准备

词/语/解/释

1. 遭遇

【说明】

① 动词。遇到了非常不好的事情。常用句式：

> 遭遇到+不好的事情

② 名词。遇到的非常不好的事情。

【例句】

(1) 1998年长江流域遭遇到了百年不遇的特大洪水。
(2) 他向大家讲述了在旅行中的遭遇。

【你的句子】

2. 体会

【说明】

① 动词。自己经历后，感受到了某种感觉。常用句式：

> （深深）体会到……

② 名词。自己经历后感受到的某种感觉。常用句式：

> 对……有（很深的）体会

【例句】
(1) 有孩子以后，他们深深体会到了做父母的辛苦。
(2) 有孩子以后，他们对做父母的辛苦有了很深的体会。

【你的句子】

3. 一一

【说明】

副词。表示一个一个地。动作的施事者或受事者应为复数名词。

【例句】
(1) 在晚会上，来宾们一一作了简单的自我介绍。
(2) 老师一一回答了学生们提出的问题。

【辨析】 一一 & 一+量词+一+量词

"一一"侧重于说明动作的具体性、清晰性，只能作状语；"一+量词+一+量词"是数量词语重叠式的一种形式，如"一个一个、一座一座、一辆一辆"等，可以作状语，也可以作定语，侧重于描写动作的状态或事物的状态。如：
(1) 有人认为，一座一座的高楼是现代化大城市的标志。
(2) 出租车一辆一辆地开过去了，她一辆都没上。

【比较】

他一一喝酒。（☹）

他一杯一杯地喝酒。（☺）

【你的句子】

4. 绕

【说明】

动词。围着某个固定点做圆周运动。

【例句】

(1) 他把绳子绕在手上。

(2) 我们骑车在湖边绕了一圈。

【你的句子】

5. 偏偏

【说明】

副词。表示某人的行为和一般的情况相反或某个事实和人们希望的正好相反。

【例句】

(1) 这么多优秀的男人你都不喜欢，却偏偏喜欢他，真是奇怪！

(2) 我们出发前，偏偏下起了雨。

【辨析】 偏偏 & 偏

"偏"除了有"偏偏"的意思以外，还可用来表示一个人要做某事的意志，而"偏偏"则不能。

【比较】

父母不想让他一个人去旅行，可是他偏偏要去。（☹）

父母不想让他一个人去旅行，可是他偏要去。（☺）

【你的句子】

6. 暴露(bàolù)

【说明】

动词。显现出来某些不好的、不愿意让别人知道的事。

【例句】

(1) 这个事故暴露了我们工作中的一些问题。
(2) 他的话暴露了他的想法。

【你的句子】

7. 憨(hān)

【说明】

形容词。因老实而给人以可爱的感觉。不过一般不单独使用，而是在一些词语中出现，如"憨厚""憨态""憨憨地/的"等。

【例句】

(1) 他的父母都是憨厚的农民。
(2) 看着大熊猫的憨态，游客们都笑了。

【你的句子】

8. 实惠(huì)

【说明】

形容词。从某种商品的数量与价钱的比值来看，购买它比较合算。

【例句】

(1) 这个饭馆既经济又实惠，我常常来。
(2) 这个周末光明牛奶在超市搞促销，买一送一，很实惠。

【你的句子】

9. 敞(chǎng)

【说明】

动词。向外部打开，使在外边可以看见内部。不过一般不单独使用，而常用于一些词语中。如："敞开、敞着、宽敞、敞亮"等。

【例句】
(1) 夏天到了，很多教室上课时都敞着门。
(2) 他的新居非常宽敞。

【你的句子】

10. 絮叨 (xùdao)

【说明】
① 动词。重复地说一些话。
② 形容词。形容说话重复，不简练。

【例句】
(1) 别絮叨了，我已经知道了。
(2) 他说话真絮叨，一点儿也不像男人。

【辨析】 絮叨 & 啰唆

"絮叨"侧重于口语表达；而"啰唆"可用于口语表达，也可用于文字表达。另外，"啰唆"是一个贬义词，而"絮叨"则不一定。

【比较】
(1) 你写的这段话有点儿絮叨，可以简单一些。（☹）
　　你写的这段话有点儿啰唆，可以简单一些。（☺）

(2) 奶奶常向我们啰唆过去的事情。（☹）
　　奶奶常向我们絮叨过去的事情。（☺）

【你的句子】

11. 时来运转 (zhuǎn)

【说明】
动词性。在不顺利的情况下出现好的时机和运气。

【例句】

(1) 你帮我一次吧，将来我时来运转了，一定忘不了你。

(2) 以前他炒股票一直亏本，最近却时来运转了。

【你的句子】

12. 管

【说明】

介词。多用于口语。引出接受动作的对象。

【例句】

(1) 我们都管她叫大姐。

(2) 没钱的时候就管我借，别客气。

【你的句子】

13. 诱 (yòu) 人

【说明】

形容词。形容食品好吃、价格便宜、风景优美等，因此非常吸引人。

【例句】

(1) 这个菜又好看又好吃，太诱人了！

(2) 打折后的价钱非常诱人。

【你的句子】

14. 温馨 (xīn)

【说明】

形容词。某种环境给人以温暖舒服的感觉。

【例句】

(1) 他们的家虽然不大，但是布置得很温馨。

(2) 粉色、浅蓝色、米黄色会让病人感到像在家里一样温馨。

【辨析】 温馨 & 温柔

"温馨"形容的是某个环境；而"温柔"形容的是人的性格、态度。

【比较】
我喜欢温馨的女孩子。（☹）
我喜欢温柔的女孩子。（☺）

【你的句子】

15. 包

【说明】
动词。保证，确保。用于口语。常用句式：

包+人+动词/形容词

【例句】
(1) 只要考上重点高中，就包你上大学。
(2) 如果理了这个发型，我包你漂亮。

【你的句子】

16. 一定

【说明】
形容词。表示达到某些数量、某种程度等，前面不能加程度副词。常用句式：

一定（的）+名词

【例句】
(1) 各班的学生要控制在一定的数量内，才能保证教学质量。
(2) 阅读前看一下作家的简历并不能使你完全理解他的作品，但是可以在一定程度上帮助你理解。

【你的句子】

17. 露 (lòu) 一手

【说明】

动作性。表现一下在某方面的特长、才能。用于口语。常用句式：

(1) 在+人+面前+露一手
(2) 给+人+露一手

【例句】

(1) 今天男朋友要来，她买了很多菜，要在男朋友面前露一手。
(2) 你不是说你很会打网球吗？来吧，给我们露一手！

【你的句子】

18. 中 (zhòng)

【说明】

动词。得到希望的、预料的结果。常用在动词后边作补语，如"看中、射中、打中、命中、猜中"等。

【例句】

(1) 恭喜你，你在抽奖活动中中了大奖！
(2) 5号球员一脚射中了球门。

【你的句子】

19. 绝

【说明】

形容词。形容好到了极致。用于口语。

【例句】

(1) 你的主意真绝了！
(2) 他的人物画和真人一样，太绝了！

【你的句子】

20. 当 (dàng)

【说明】

代词。用于一些时间名词前,指代句中某一已知的时间。如:"当年、当月、当天、当日、当夜、当晚"等。

【例句】

(1) 他星期六去的天津,不过当晚就回来了。
(2) 2003年的生产计划在当年10月就已经完成了。

【你的句子】

21. 设想

【说明】

① 名词。对某种情况进行的预计、预测、想象。
② 动词。对某种情况进行预计、预测。

【例句】

(1) 你对这个广告的设想非常新颖。
(2) 请设想一下,五十年后的中国将是什么样子?

【你的句子】

22. 翻番

【说明】

动词。成倍地增加。

【例句】

(1) 我们公司今年的产值可能会翻番。
(2) 留学生的人数翻了一番。

【你的句子】

词/语/练/习

一、辨析

1. 偏偏 ⊘ 偏

(1) 大家都劝他别去,可是他(　　)要去

(2) 我们刚要出门,(　　)这时有客人来了。

2. 温馨 ⊘ 温柔

(1) 她(　　)地抚摸着孩子的头。

(2) 这家咖啡馆的气氛很(　　),所以有很多恋人愿意来。

3. 絮叨 ⊘ 啰唆

(1) 自己身在国外,有时很想念妈妈的(　　)。

(2) 这么简单的意思,你却(　　)了半天,真烦人!

二、用"词语解释"中的词语改写句子中画线的部分

1. 我的运气一直不好,但是我相信早晚会<u>变好</u>的。

2. 新年晚会上,经理和<u>每个职员都握了手</u>。

3. 虽然你是猜的,但是你的回答是<u>正确的</u>。

4. <u>一点儿汉语也不会说</u>的人,不能选这门课。

5. 比赛是 9 月 10 号上午结束的,队员们 <u>9 月 10 号下午</u>就乘飞机回国了。

三、用指定的词语完成对话

1. 体会

A:听说你是第一次来中国,有什么感受啊?

B:_____

2. 包
   顾客：你们这儿的饭菜味道怎么样啊？
   饭馆服务员：_____

3. 露一手
   A：_____
   B：好吧，那我就试一试。

4. 绝
   A：他画画儿的技术高吗？
   B：_____

主题文章

消费遭遇

温柔一刀

去年底，我到北京出差，住了两个月，体会到打的的乘客最怕出租车司机说的一句话——"到那儿怎么走？"

他问你怎么走！这有错吗？想想没错呀，他再是个出租司机，也不是个活地图①啊，北京那么多地方，那么多公司，那么多楼房，他不可能都一一知道位置，谁能啊？可是，他如果不知道天安门在哪儿，不知道安定门在哪儿，不知道天坛在哪儿，那可就说不过去了。

有一次去北京口腔医院，我从安定门地铁出口坐的出租，我记得医院在天坛旁边，去那儿只需往南走，不怎么绕路，可那天偏偏忘了带地图，而司机师傅果然问："到那儿怎么走？"我的犹豫完全

---

① 活地图：比喻一个人像地图一样，对某个地方非常熟悉。

暴露出自己是个外地人。然后他就很客气地把车开上了像肠子一样弯弯绕的立交桥,半个小时过去了还没有到天坛,可我已两次看到"前方将到永定桥"的路标,我忍不住问他,司机什么也没说,只是憨憨地笑了笑。

青菜免费

离公司不远的地方有家火锅店,才开张①没多久,门口贴了张大红纸,上面写着"羊肉5元、青菜免费",够实惠的。我们几个人坐下后,贝贝吩咐服务员"有什么上什么,只要是能涮着吃的。今天我请。"看到服务员给我们上的满满一推车的菜,我忙劝贝贝:"老弟,咱们几个吃不了这么多,别浪费了,你的钱来得也不容易。"逗得大伙都笑了。贝贝也急了:"瞧不起人?今天都敞开了吃!"

男人到了酒桌上总是有话题的,谈得最多的还是贝贝的股票,他絮叨着说自己今年要时来运转了,不停地和每个人碰杯,直到大家都有些醉了。结账的时候,服务员张嘴就要二百五十元。"没这么贵吧?"我拿过账单一看,发现光是蘑菇、竹笋这些青菜就六十多,就问:"不是青菜免费吗?"服务员脸上挂着职业的微笑,解释道:"是这样,本店的青菜特指那些长着绿叶子的,您看,那两盘菠菜就没管您要钱啊!"好一个青菜免费!

买一送……

听说有人买了一袋瓜子,居然中了一部手机后,我在购物的时候也开始对那些促销②活动特别在意,慢慢发现了以下几点购物经验,在这里和大家交流一下:

买一送十最诱人。我买过一套据称是某地产的名牌西服,大概也就五百吧,但是我一个人怎么也拿不回家。原来是买完西服,人家还送了我超级VCD、电风扇、电吹风、电子打火机、电子表、领带夹等十种礼品,算算物品的总额,竟然都超过五百块了。真没想到,我只买了一套

---
① 开张:开始营业。
② 促销:用某些方法促使顾客消费。

名牌西服，就改善了生活。

买一送一最实惠。现在，没有哪个商场不搞买一送一的活动，如果不搞，那生意肯定不是特别好。买一台彩电、送一把休闲椅，给你生活新享受；买一台空调，送你一床空调被，真是想得周到，很温馨的礼物。还有呢，买一台洗衣机送一箱洗衣粉，包你一年不用买洗衣粉，还是不伤手的。

还有一种刺激性的。常常在商场的入口处看到一个很大的转盘，转盘上写着冰箱、洗衣机、微波炉、陶艺杯、肥皂等数额不等的奖品。购物达到一定数额后，你就可以露一手，拿着飞镖向你的目标扔去。嘿，没准儿买了一百元的东西，就中了几千元的冰箱呢！

当然，还有更绝的，就是购物抽奖，特奖新马泰①七日游、或者港澳台双飞双游。这完全靠个人运气，运气好双飞双游，运气不好只能是一个杯子。当然，我们总是盼望幸运女神光顾。

最近，有的大型商场还搞了这么一个活动：商场当日所有的购物者中，将有5位顾客享受到当日所购物品总额的全额返还。天啊，快去疯狂购物吧，说不定天上真的掉馅儿饼啊？

虽然已经有了上面这么多好事，我还想大胆地设想一下，以后会不会出现买牙签送手机呢？买一打牙签，送你一个手机。呀，这种牙签的销量肯定是翻几番！

 话题训练

◇ 文章话题训练

一、复述文章的内容

1. 你是那位出差到北京的外地人：

   提示：去年底，我去北京出差……

---

① 新马泰：新加坡、马来西亚、泰国。

　　　　所用词语：出差、体会、偏偏、暴露、客气
　　2. 你是请大家吃饭的贝贝：
　　　　提示：最近我的股票有些时来运转，所以……
　　　　所用词语：实惠、敞开、结账、光……就……、解释
二、为什么第一段文章的题目是"温柔一刀"？
三、总结一下，第三段文章介绍了商场的哪些促销活动。

◇ **相关话题训练**
一、在你们国家，你第一次乘坐出租车去一个不熟悉的地方时，或者你去外地坐出租车时，担心吗？
二、你在中国坐出租车时遇到过什么麻烦吗？请说一说，然后请同学们为你想想解决的办法。
三、"青菜免费"实际上是一个语言游戏，你有没有遇到过类似的情况？
四、如果你在消费中受骗，你会怎么办？
五、如果你得知一家商场在举办促销活动，你会去那里买东西吗？为什么？

语句训练

句/式/训/练

【一】 动词₁ + 什么 + （就）动词₂ + 什么

🔑 **原句**
　　有什么上什么，只要是能涮着吃的。

📖 **解释**
　　"动词₁+什么"表示一个范围，"动词₂+什么"表示只要在此范围内都可以做某事。如：
　　（1）他演什么像什么。

(2) 我买东西不考虑价钱，喜欢什么就买什么。

表达

(1) 你把心里想的说出来吧。

(2) 我饿死了，随便给我一点儿吃的好了。

(3) 我们的考试范围就是课上学习的内容。

【二】 满满 + 一 + 量词 + 名词

原句

看到服务员给我们上的满满一推车的菜，我忙劝贝贝……

解释

在一个空间里装满了某物。如：
(1) 新郎给我倒了满满一杯白酒。
(2) 讲座还没开始，已经坐了满满一教室的学生。

表达

(1) 妈妈做了很多菜来招待客人。

(2) 我给朋友写信，信上写了很多。

(3) 他的书包非常重，里边都是课本。

【三】 张嘴就 + 动词

原句

服务员张嘴就要二百五十元。

解释

不考虑，马上说出来或唱出来。有时有贬义。如：

(1) 有的人张嘴就说脏话,太不文明了!
(2) 他的心算速度很快,考官刚说完问题,他张嘴就说出了答案。

表达

(1) 一个小伙子骑车撞了人,可是被撞的人还没说话,他却开始骂人了。

(2) 听了老师的问题,学生想都没想,马上回答出来了。

(3) 别人让他唱歌,他没有推辞,很大方地开始唱了。

【四】 光(是)+事物的种类+就+(动词)+数量……

原句
我拿过账单一看,发现光是蘑菇、竹笋这些青菜就六十多。

解释
只在某一个种类上就达到了较多的数量,那么可以想见所有的种类加在一起,总的数量是很多的。如:
(1) 我们班光韩国学生就十二个。
(2) 今天中午光米饭我就吃了三碗。

表达

(1) 她最喜欢买衣服了,比如她的毛衣就有十多件。

(2) 在中国留学需要很多钱,就说学费吧,大概要3000美元呢。

(3) 昨天的作业太多了,不说别的,汉语作业就写了两个小时。

【五】 没有……,如果……,那+肯定/一定……

原句
现在,没有哪个商场不搞买一送一的活动,如果不搞,那生意肯定不是特别好。

📖 **解释**

强调说明某种情况一定存在。如：
(1) 没有公司愿意用无名演员作广告，如果愿意，那这公司一定也没什么名气。
(2) 没有哪个父母不爱自己的孩子，如果有，那肯定不是他们亲生的。

💬 **表达**

(1) 中国人的家庭都有自行车。

(2) 每个学生都努力学习自己的专业。

(3) 人们都不希望看到发生战争。

词／语／训／练

一、朗读下面的句子，体会"搞"的意义
1. 已经这么晚了，今天他搞不好不来了。
2. 听说他们俩在搞对象啊。
3. 我们一定要把事故发生的原因搞清楚。
4. 对不起，我搞错了，我以为他是你爱人呢。
5. 住在集体宿舍，就要和同屋搞好关系。

二、回答问题
1. 一个人做了什么事情，是"说不过去"的？
2. 一个人很"牛气"时，可能有哪些表现？
3. 什么东西的味道、什么运动具有"刺激性"？
4. 你觉得有没有"天上掉馅儿饼"的事？为什么？请举例说明。

实战训练

一、表演

表演一：

你坐出租车时，发现司机故意绕路。在出租车上，你向司机提出了意见，可是司机并不承认错误。你非常气愤，按照出租车上的投诉电话号码拨打了投诉电话。工作人员答应解决此事后再给你打电话。

人物要求：两个人一组，一个人是顾客，一个人是电话中的工作人员。

内容：

1. 在投诉电话中，顾客应该说明发生的具体情况，表达希望得到解决的急切心情；工作人员在电话中安慰顾客，并答应尽快调查解决。

2. 在答复的电话中，工作人员把解决的办法告诉顾客，顾客表示满意和感谢。

表演二：

你在一家大型商场买了一盘DVD，买的时候售货员告诉你是正版的。可是你买回家看了以后发现质量很差，应该是盗版的。于是你回到商场要求退掉，可是售货员却说不能退，只能换，而你坚持退掉。最后商场的经理出来解决了这个问题。

人物要求：顾客、售货员、经理

内容：

1. 购买DVD。

2. 向售货员提出退掉DVD，而售货员坚持只能换不能退。

3. 经理出来了解情况后，解决了问题。

二、演讲

请以"我的遭遇"为题，在全班作一个小型演讲。

相关链接

3.15 消费者日

国际消费者联盟组织是1960年由美国、英国、澳大利亚、比利时、荷兰5国的消费者组织发起成立的，当时的总部在荷兰海牙，现在英国伦敦。它是一个独立的、不以盈利为目的的、无政治倾向的世界消费者组织。为了更好地开展消费者权益保护活动，1983年，国际消费者联盟组织决定将每年的3月15日作为"国际消费者权益日"。每年的这一天，世界各地的消费者组织都要组织大规模的活动，如通过报刊、广播电台、电视节目宣传消费者的权利等，来提高消费者的认识。中国消费者协会于1987年9月被国际消费者联盟组织接受为正式成员。

投诉电话

中国消费者协会：（010）63281315
北京市消费者协会投诉电话：96315
旅游投诉电话：12301
北京市出租车投诉电话：12328

"王海现象"

王海，1973年生于山东青岛，著有《我是刁民》《王海忠告》等书。他从1995年开始尝试"知假买假"，就是说知道商品是假的但是还去买，然后要求商家赔偿。这在中国引发了"王海现象"的大讨论，有的人支持他，有的人反对他。主要活动有：

1995年

3月：王海在北京第一次依据《中华人民共和国消费者权益保护法》第49条的规定，尝试购假索赔，开始受挫，8个月后获得赔偿。10月：王海再次进京尝试购假索赔，一周之内获赔8000元。11月：社会上开始了对"王海现象"的讨论，并促使有关单位开展了"百城万店无假货"等系列活动，大型商场里的假货明显减少。12月：王海成为第一位"消费者打假奖"的获得者，奖金5000元。

1996年

3月：王海化装后，参加中央电视台《实话实说》第一期节目，讨论"谁来保护消费者？"

1998年

6月：美国总统克林顿先生访华，王海与克林顿夫妇对话，克林顿称王海为"中国消费者的保护者"。12月：作为中国改革开放20年的代表人物之一，王海在中央电视台的节目里公开亮相。

2000年

12月：建立王海在线（www.WANGHAI.com）专业维权网站。

主题五　回　家

 话题准备

你的家乡在哪儿？现在你住在家乡还是别的地方？交通工具有哪几种？它们各有什么特点？

 词语准备

词/语/解/释

1. 归心似箭（jiàn）

【说明】
形容一个人盼望回家的心情，希望像箭一样快点儿回家。

【例句】
(1) 离放假还有一个月，可是我已经归心似箭了。
(2) 在外国留过学的人都体会过归心似箭的感觉。

【你的句子】

2. 搭（车）

【说明】

动词。因为 A 和 B 顺路，所以 A 可以坐 B 的汽车去某处。

【例句】

(1) 开车人：我一会儿也去商店。
　　坐车人：那太好了，我可以搭顺风车了。
(2) 我和小张住在一个小区，所以每天下班都搭他的车回家。

【你的句子】

3. 美滋滋

【说明】

形容词。很高兴、很满意、很幸福的心理状态。类似的词语还有：乐滋滋、喜滋滋、甜滋滋。前边不能出现程度副词，后边常出现"的"或者"地"。

【例句】

(1) 看着男朋友的来信，她美滋滋地笑了。
(2) 听到别人的称赞，他心里美滋滋的，可是嘴上却很谦虚。

【你的句子】

4. 万事俱备，只欠东风

【说明】

这个成语出自《三国演义》。吴国的大将周瑜带兵攻打魏国的军队，决定用火攻的方法，他们做好了充分的准备，可是偏偏没有东南风，没办法借风势进行火攻。现在表示做一件事情前，准备工作基本上做好了，只等某一条件出现就开始进行。

【例句】

(1) A：你们的婚礼准备得怎么样了？
　　B："万事俱备，只欠东风"了。
(2) 明天要做的手术基本上准备好了,可以说是"万事俱备,只欠东风"。

【你的句子】

5. 淡季

【说明】

名词。生意处于低潮的、不太好的阶段。和它相对的是"旺季"。

【例句】

(1) 我喜欢在旅游淡季出去旅游。
(2) 每年暑假都是电脑销售的旺季。

【你的句子】

6. 拽（zhuài）

【说明】

动词。用力拉某个部位。后边常出现"着"或表示结果的补语"住"、表示趋向的"回来""起来""上来""下来""回去"等。

【例句】

(1) 孩子拽着妈妈的衣服不让妈妈去上班。
(2) 我刚要走,他一把拽住我说:"等一下,我还有事。"

【你的句子】

7. 暗暗

【说明】

副词。自己做某事,不想让别人知道。后面多为表示心理的动词和形容词,如"决定、下决心、希望、高兴、伤心"。

【例句】

(1) 我暗暗下了决心,一定要考第一名。
(2) 听到这个消息,他暗暗高兴。

【辨析】 暗暗 & 悄悄 & 偷偷

"悄悄"是副词。为了不影响别人,动作没有声音或声音很小。后面的动词是表示动作的动词，如"说、离开、告诉"等。偷偷："副词"是怕别人发现自己做的事，所以趁别人不注意的时候来做。

【比较】
(1) 电影还没完，他就悄悄走了。（）
(2) 趁妈妈出去买菜，他偷偷给女朋友打了个电话。（）

【你的句子】

8. 棘（jí）手

【说明】
形容词。形容某件事情非常难做，某个问题非常难解决。

【例句】
(1) 这么棘手的问题我是第一次遇到。
(2) 这件事太棘手了，恐怕短时间内不能做完。

【你的句子】

9. 苛（kē）刻

【说明】
形容词。要求过分严格。在表示对别人的要求时，带有贬义。

【例句】
(1) 她还是个孩子，你不能对她这么苛刻。
(2) 在生活上，他对自己非常苛刻。

【你的句子】

10. 着（zhuó）落

【说明】
名词。常用于非正式的场合，与动词"有"或"没有"搭配，表示某一问题的解决情况。

【例句】

(1) 已经很晚了,可是今天晚上的住宿问题还没有着落。

(2) 经过半年的努力,我的工作终于有了着落。

【你的句子】

11. 旷(kuàng)

【说明】

动词。未经允许,擅自不去上班或上课。注意:没有"旷班"这种说法,应该说"旷工"。

【例句】

(1) 他旷了一天课,父母知道后非常生气。

(2) 他经常旷工,结果被炒了鱿鱼。

【你的句子】

12. 措(cuò)手不及

【说明】

动词性。某件事发生得很突然,让人一点儿准备也没有。

【例句】

(1) 他的突然来访让我们措手不及。

(2) 如果你打算出国,就要提前做好各种准备,免得到时候措手不及。

【你的句子】

13. 大意(dàyi)

【说明】

① 形容词。形容对某事很不重视、不认真。

② 名词。表示对某事不重视不认真的态度。

【例句】

(1) 这么简单的题你居然做错了！是不是太大意了？

(2) 你的大意给这项工作带来了很大的损失。

(3) 大意失荆州。

【你的句子】

14. 赶

【说明】

动词。因时间紧张而加快做某事的速度。

【例句】

(1) 老师：迈克！你的作业怎么写得这么乱？

迈克：对不起,老师。昨天我忘了写作业,这是今天早上赶出来的。

(2) 司机师傅,我要赶飞机,能不能再快一点儿？

【你的句子】

15. 倒（dào）

【说明】

动词。某一动作、运动的方向与正常的相反。

【例句】

(1) 据说,倒着走可以锻炼身体。

(2) 你怎么看书呢？书都拿倒了！

【你的句子】

16. 密密麻麻

【说明】

形容词性。形容多而密集的样子。不能受程度副词的修饰。

【例句】

(1) 纸上密密麻麻地写满了字。

(2) 地上有一群蚂蚁，密密麻麻的。

【你的句子】

17. 不以为然
【说明】

动词性。不同意某种观点、态度或意见。后边不能加宾语。常用句式：

> (1) S₁……，S₂ 不以为然 (S₂ 前后有表示转折义的连词或副词)
> (2) 对……不以为然

【例句】
(1) 很多人都是他的歌迷，我却不以为然。
(2) 有人说北京的秋天最美，而我对这种说法不以为然，北京的冬天才漂亮呢！

【你的句子】

18. 乖乖 (guāi)
【说明】

形容词"乖"的重叠式。表示很听话的、顺从的样子。

【例句】
(1) 小猫乖乖地卧在我怀里。
(2) 爸爸不在家的时候，你要乖乖的，听妈妈的话呀！

【你的句子】

19. 张望
【说明】

动词。抬着头向四处看。常用句式：

> 向+方位+张望

【例句】
(1) 下飞机的旅客陆续走了出来,我张望了半天,却没看见我的朋友。
(2) 他第一次坐火车,路上一直好奇地向外张望。

【你的句子】

20. 价值

【说明】

① 动词。常用句式:

> 物品+价值+钱数

② 名词。多用于抽象意义,表示人的某种行为、某种事物在某个方面表现出的积极作用。常与动词"有、具有"或"没有"搭配出现。常用句式:

> 行为、事物+有/没有价值

【例句】
(1) 这块表价值一万美元。
(2) 一个人活着应该做一些对社会、对他人有价值的事情。
(3) 古墓中的陪葬品对我们研究汉代的生活习俗有很高的价值。

【辨析】 价值 & 价格
"价格"是名词,表示商品卖出时的价钱。如:
这件衣服的价格是500元。

【你的句子】

21. 例外

【说明】

名词。和大多数不同的少数。

【例句】
(1) 我问过的所有人都不知道那个地方,没有一个例外。
(2) 大部分病人都痊愈了,只有几个例外,现在还在医院里治疗。

【你的句子】

22. 兼

【说明】

动词。表示同时具有两个职位、工作。常用句式：

$$职位/工作_1+兼+职位/工作_2$$

【例句】
(1) 我们学校有一些兼职教师。
(2) 小赵是模特兼服装设计师。

【你的句子】

23. 得知

【说明】

动词。知道了某个消息。常用句式：

$$从+处所词语+得知+事情$$

【例句】
(1) 我是从报纸上得知这件事的。
(2) 我从小李那儿才得知你结婚了，你怎么没告诉我呀？

【辨析】 得知 & 知道

"知道"是心理动词，意义的范围大于"得知"，表示对某种情况有所了解；"得知"表示了解到某一消息，侧重于从不知道到知道这一变化的过程，如果不表示变化过程，就不能用"得知"。

【比较】
你得知今天是星期几吗？ （☹）
你知道今天是星期几吗？ （☺）

【你的句子】

24. 果不其然

【说明】

事实情况和预想的、听说的一样。

【例句】

(1) 早听说他很帅,今天见面一看,果不其然。

(2) 那天他答应来了,果不其然,今天一大早他就来了。

【你的句子】

25. 托

【说明】

动词。请别人帮自己做某事。常用句型:

$$人_1+托+人_2+动词性词语$$

【例句】

(1) 上次我托你办的事怎么样了?

(2) 小明要去上海出差,我托他帮我买一些上海小吃回来。

【你的句子】

词/语/练/习

一、辨析

1. 暗暗 ⊘ 偷偷 ⊘ 悄悄

(1) 你们俩在说什么(　　)话呢?

(2) 看到自己喜欢的男人和别人结婚了,我的心里(　　)难过。

(3) 趁保安不注意,他(　　)溜进了饭店。

2. 价值 ⊘ 价格

(1) 即使是一粒沙子,也有它存在的(　　)。

(2) 这种手机现在很流行，不过（　　）也不菲。

(3) 他买了一套（　　）100多万的公寓。

3. 得知 🔗 知道

(1) 你（　　）吗？他非常非常爱你！

(2) （　　）父亲去世的消息，她晕了过去。

二、用"词语解释"中的词语改写句子中画线的部分

1. 明天就要交论文了，今天晚上我要<u>快点儿写出来</u>。

2. <u>向后开车</u>时，要注意观察后边有没有人。

3. 这个问题<u>很难解决</u>，你有什么好办法吗？

4. 一些家庭贫困的孩子的上学问题总是<u>得不到解决</u>。

5. 大家都去参观，<u>只有小李不去</u>。

6. 昨天我说过他穿得太少，容易感冒，<u>结果真的今天他就感冒了</u>。

7. 金大一要回韩国了，<u>我请他帮我买一本《韩中词典》</u>。

8. 你怎么不说一声就来了？这让我<u>一点儿准备也没有</u>，你看，家里很乱，也没什么可以招待你的东西。

过年回家

每一年的春节快到时,无论在哪儿工作的中国人都已经归心似箭了。很多人放下手中的工作,准备回家。但是回家的路是那么容易的吗?

张惠 25岁 广告公司职员

去年是我工作后过的第一个新年,我抽了个假日把给家里人的礼物全都买好了,觉得完成了一件大事。而回家的事我心里也有了底,一个家在吴江的好朋友要坐她亲戚的车回去,答应能送我到苏州城里。约好的时间是小年夜①,我向老板打听过放假的日期,没有问题。家里人听说我搭好朋友的车回家,也挺放心。

就在我美滋滋地认为"万事俱备,只欠东风"时,意外的加班通知来了。我们是个新公司,老板把业务看作生命。在这样的年末淡季,居然有客户上门,生意怎么可能不接!我的心都已经飞回家了,又给拽了回来。起初我还暗暗希望这个工作能够速战速决,但到办公室一看,才知道很棘手,客户非常苛刻。我一算,发现小年夜无论如何回不去了。

等工作快结束时,朋友已经走了,离过年也没几天了,可我还没买车票,一下子成了没着落的人。年前回不去吗?那绝对不行。我对老板说要买火车票,也不管他生不生气,旷了半天工去代售点②。不巧那个代售点拆迁③了,我多走了很多路,终于买到了票。

以后过年我再也不会让买票成为一件措手不及的事。

---

① 小年夜:腊月二十三(农历十二月二十三日)晚上。
② 代售点:火车站、飞机场以外,代卖火车票、机票的地方。
③ 拆迁:拆除城市中破旧的房屋,原居民搬到别的地方居住。

赵照 32岁 工程师

每年都要在大年夜①回杭州去。因为是短途，和一些家乡比较远的同事相比，我不用很早就为买票而着急，但是没想到今年因为自己的大意还是有了麻烦。

春节前的一个周末，我准备到住处附近的代售点去买火车票，可一早却被客户的电话叫去，忙了大半天，帮他们解决完了问题，代售点也已经关门了。想到从第二天就要开始节前加班，没有休息日了，我有一点着急。

第二天下了班，我赶往一个比较大的代售点。来到售票厅，我倒吸一口凉气，只见里面密密麻麻地挤满了人，看了让人头晕。曾经听一个朋友说，排队紧张的时候可能会出现"职业排队者"，要你掏10元钱买他的位置。当时我还不以为然，可是此时此刻，如果有这样的人出现，我觉得我真的会乖乖地掏钱给他。张望了一会儿，似乎并没有；而这样的长龙不是我这个刚下班的人能受得了的，就只好先回家了。

就在我打算向老板请一天假去买票时，老板宣布，考虑到单位春节返乡的员工不少，今年公司联系了一个代售机票和车船票的代理商，到我们公司来售票。我松了一口气——真是心想事成啊！最担心的事解决了，虽然多花一点代办费，值得！值得！

最后，我买到了这张价值25元的火车票，但是对方要我另付代办费50元，别人告诉我这是"特殊时期的正常价格"。

王林 20岁 学生

我家在青岛，因为自己很清楚回去的车票不好买，所以一般会提前做准备。今年也不例外，我在一月初就通过学校的后勤②部门预订了火车票。

本来计划得很好，18号考完托福③，然后休息两天，做一份简历，为下学期找兼职做点准备。接下来再花一两天的时间逛逛街，给家里的爸爸妈妈以及小外甥买点东西，24号左右就可以回家了。没想到，就在我考

---

① 大年夜：农历十二月的最后一天。
② 后勤：单位里负责生活方面的部门，如伙食、住房、维修等。
③ 托福：TOEFL。

试的前一天,接到了学校的通知,说23号以后的票都没订到。这下我着急了,自己又不可能放弃考试去排队买票。没办法,只好找了一个好朋友让他帮我去代售点买,但在考试时一直担心能不能买到票,考完后立刻给朋友去了电话,得知他仍在长龙中排着呢,这时我就有种"不祥①"的预感。

果不其然,等我回到学校,朋友也回来了,告诉我白等了,到青岛的票代售点也已经没有了。

这下我傻了,但家无论如何是要回的。为了不让家人担心,我打电话给家里,说有点事情可能要晚一点回去。这边,我托同学、朋友、甚至朋友的朋友,找遍了所有可以帮上忙的人,帮我看能否买到车票。我当时想只要能回家,海陆空都可以。还好,在打完两三张电话卡后,我终于买到了28号的车票。晚是晚了点,但总不至于回不去了。

明年我一定要再早一点订票,或者就选最方便的交通方式,贵就贵一点,只要能顺利回到家就行了。

(选自 http://sina.com.cn)

 话题训练

◇ **文章话题训练**

一、请用课文中的词语简述张惠、赵照、王林三个人的买票经历。

    1. 张惠的故事:约好、搭、意外、棘手、苛刻、旷

    2. 赵照的故事:密密麻麻、受不了、联系、值得

    3. 王林的故事:本来、没想到、这下、托、找遍、终于

---

① 不祥:不吉利的。

二、如果你是赵照，你会不会买"职业排队者"的车票？为什么？

◇ 相关话题训练

一、你离开过家很长时间吗？为什么离开？回家前的心情是什么样的？

二、在你的国家全家人团聚的日子是什么时候？那时候的交通有没有问题？

三、在中国你坐过火车吗？请说说你的经历。

四、有人说家是一个人的"避风港湾"，你觉得呢？请先给你理想中的家一个合适的比喻，然后再具体说明。

五、在你的国家买火车票有几种方式？人们最常采用的方法是哪种？

六、在你的国家，有没有人们排队购买东西的情况？如果有，请具体介绍一下。

句/式/训/练

【一】 就在……，发生了某事

♀ 原句

就在我美滋滋地认为"万事俱备，只欠东风"时，意外的加班通知来了。

📖 解释

表示恰好在某个确定的时间，发生了某事。发生的事情可以是希望的事，也可以是不希望的。如：

（1）就在我要付钱的时候，我发现钱包不见了。（不希望的事）

（2）就在生日那一天，他收到了大学的录取通知书。（希望的事）

表达

(1) 国庆节那天,他们结婚了。

(2) 张华马上要考大学了,他的父亲病了。

(3) 我们正在到处找他,他打来了电话。

【二】居然……,怎么……

原句

在这样的年末淡季,<u>居然</u>有客户上门,生意<u>怎么</u>可能不接!

解释

前一分句说明没想到的、不应该发生却发生了的情况,后一分句用反问表示在前面的情况下当然会出现的事情。如:

(1) 这么冷的天,你居然没穿毛衣,怎么会不感冒?

(2) 他一直学习不好,这次考试居然考了第一,大家怎么能不吃惊!

表达

(1) 你结婚没告诉父母,他们当然很生气。

(2) 小明大学毕业后一直没找到工作,心里当然很着急。

(3) 他骗了我,我当然很失望。

【三】起初+开始阶段的情况,经历某事,才+与开始阶段的情况不同

原句

起初我还暗暗希望这个工作能够速战速决,但到办公室一看,才知道很棘手,客户非常苛刻。

解释

表示经历了某事后,事情的开始阶段和后来的情况不同,发生了变化。

如：
(1) 起初我不想参加那个活动，得知同事们都去后，我才答应也去。
(2) 起初保罗不适应这里的天气，住了一段时间，才慢慢适应了。

表达

(1) 开始学习汉语时，我觉得很枯燥，学了几个月以后，觉得很有意思了。

(2) 刚认识那个男孩子时，小华没觉得他怎么样，不过和他聊了几次天以后，发现他很优秀。

(3) 第一次吃日本菜不太习惯，吃了几次后，感觉越来越好。

【四】 做某事，不巧+影响某事的情况

原句

我对老板说要买火车票，也不管他生不生气，旷了半天工去代售点。不巧那个代售点拆迁了，我多走了很多路，终于买到了票。

解释

当要做某事时，发生了影响做事的情况。
(1) 我们正要出门，不巧下雨了。
(2) 今天我有一个重要的考试，可是不巧昨天晚上我病了。

表达

(1) 你去书店买一本书，可是你到的时候，书刚刚被别人买走。

(2) 我想买这件衣服，可是今天忘了带钱包。

(3) 我应该准时来，可是路上堵车了，真对不起！

【五】 为+目的/目标+而+做某事

🔑 原句
我不用很早就为买票而着急。

📖 解释
表示一个人为了达到某一目的、实现某一目标，去做某事。如：
(1) 在火灾中，几名消防员为抢救国家财产而牺牲了。
(2) 我要为自己有一个美好的未来而努力学习。

👧 表达
(1) 他的理想是得到奥运会的金牌，所以他平时的训练非常刻苦。

(2) 北京市花费了大量人力和财力来治理环境污染。

(3) 我希望自己将来能找到一份好工作，所以我来到中国学习汉语。

【六】 本来+意外发生前的情况，没想到+意外情况，这下+意外发生后的情况

🔑 原句
本来计划得很好，……。没想到，就在我考试的前一天，接到了学校的通知，说23号以后的票都没订到。这下我着急了……

📖 解释
发生了意外的情况后，某个计划、感觉、心情等都发生了变化，和以前完全不同了。如：
(1) 去电影院前，本来我的心情好好的，没想到男朋友迟到了三十分钟，这下我的好心情一下子都没了。
(2) 本来我们打算喝完酒以后去唱卡拉OK，没想到有几个朋友喝醉了，这下谁也去不成了。

表达

(1) 你和男朋友约好晚上一起吃饭,可是突然要加班,你们的约会泡汤了。

(2) 你希望在比赛中得冠军,可是在比赛前一天的训练中受伤了,你只能退出比赛了。

(3) 上午的天气非常晴朗,可是下午突然刮起了大风,我们不能在篮球场打篮球了。

【七】 不太好的事情,还好+比较幸运的情况

原句

还好,在打完两三张电话卡后,我终于买到了28号的车票。

解释

表示虽然发生了不好的事情,不过幸运的是没有那么严重,在不幸之中还有一些运气。如:

(1) 今天一天都很忙,没时间吃饭,还好早上吃了几块饼干,不然早就饿晕了。

(2) 昨天晚上的雪非常大,还好气温不太低,路上没有结冰。

表达

(1) 他突发心脏病住进了医院,幸运的是现在病情已经稳定了。

(2) 你怎么来晚了?不过电影还没开始,快进去吧!

(3) 成绩不太理想,不过上大学没什么问题。

词/语/训/练

◇ 选择恰当的词语填空

心里有底　心飞回家了　心想事成　倒吸一口凉气　松了一口气

1. 考完以后，每个人对自己的考试情况大概（　　）了。
2. 看到这可怕的场面，她（　　）了（　　）。
3. 得知孩子安全回来了，父母这才（　　）了（　　）。
4. 坐在回国的飞机上，我的（　　）已经（　　）。
5. 祝你（　　）！

◇ 根据实际情况回答下面的问题
1. 你有过措手不及的情况吗？请叙述一下事情的经过。
2. 你能举出一些要求苛刻的例子吗？
3. 你有没有遇到过很棘手的事情？你是怎么解决的？
4. 你觉得学生旷课的原因有哪些？

实 战 训 练

一、打电话预订飞机票的对话。两个人一组，一个人是售票方，一个人是订票方。用恰当的话表达出下面的信息：
1. 飞机的目的地
2. 飞机的起飞时间和到达时间
3. 往返票还是单程票
4. 经济舱还是商务舱
5. 飞机票票价
6. 可以带多重的行李
7. 订票处送票的时间
8. 订票人的姓名
9. 飞机的航班号

二、在代售点买火车票的对话。两个人一组，一个人是售票方，一个人是买票者。用恰当的话表达出下面的信息：
1. 火车起点和终点

2. 开车时间和到达时间
3. 车次
4. 硬座、硬卧还是软卧
5. 如果是卧铺，是上铺、中铺还是下铺
6. 火车票的张数
7. 票价

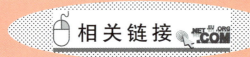

 你知道"黄牛党"是什么人吗？在你们国家有没有？

 飞机票、火车票

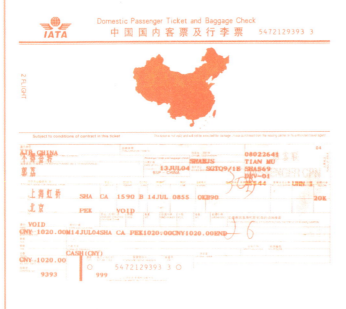

 车站站牌

主题六　教　育

 话题准备

请说说你所了解的中国的教育情况。

 词语准备

词／语／解／释

1. 转眼

【说明】
副词。表示在极短的时间内。

【例句】
(1) 转眼又是一年的冬天到了。
(2) 刚学的语法他转眼就忘了。

【你的句子】

2. 蘸（zhàn）

【说明】

动词。用一种食品或工具轻轻接触某种液状或粉末状物体，以便食用或使用。常说"蘸一下""蘸（一）蘸"等。

【例句】
(1) 他用毛笔蘸了蘸墨水，在纸上写了一个字。
(2) 你用鸭肉蘸一点儿酱，然后再吃。

【你的句子】

3. 胡乱

【说明】

副词。因为时间不多、心情不好等原因，做事很匆忙，很随便。"胡乱"后的动词常用重叠式或在动词后出现表示较少数量的数量词。"胡乱"前不能出现程度副词"很、非常"等。

【例句】
(1) 今天早上我起晚了，胡乱吃了几口饭就出来了，所以现在很饿。
(2) 她心情不太好，胡乱写了写作业就睡觉了。

【辨析】 胡乱 & 乱

"乱"是形容词。① 某个地方不整齐。前面可以出现程度副词"很"等。如："他的头发很乱。" ② 做事不考虑好不好，随便做。有贬义。这时"乱"前不能有程度副词。

【比较】
(1) 他的房间非常胡乱。（☹）
    他的房间非常乱。（☺）

(2) 你不知道的事情，不要胡乱说。（☹）
    你不知道的事情，不要乱说。（☺）

【你的句子】

4. 鹦鹉(yīngwǔ)**学舌**(shé)

【说明】

鹦鹉是一种善于模仿人类语言的鸟,它学说人话的时候,是人先说一句,它跟着说一句。因此"鹦鹉学舌"可以用来指开始学习某种语言时的一种方式:即教授者说一句,学习者重复一遍,表示语言学习处于初级阶段或较低的水平。

【例句】

(1) 他的英语简直是鹦鹉学舌。
(2) A:你的孩子开始学说话了吗?
　　 B:会一点儿,鹦鹉学舌呗。

【你的句子】

5. 翻(fān)**来覆**(fù)**去**

【说明】

动词性。反复做某事。后边可以出现动词,应该注意不能是"走、跑、跳"等这类意义的动词。如果想表达"走了一遍又一遍""跑了一遍又一遍"等意思,应该用"走来走去""跑来跑去"等。

【例句】

(1) 她翻来覆去地想这个问题,可是怎么也想不明白。
(2) 这件事他已经翻来覆去地说了好几遍了。

【你的句子】

6. 付出

【说明】

动词。为了某人或某事,花费精神、时间、感情等。注意:后面的名词是抽象名词。

【例句】

(1) 要想成功,就要先付出汗水。
(2) 我对他付出了那么多感情,可是没有一点儿结果。

【比较】
我付出50块钱买了这本书。（☹）
我付了/(花了) 50块钱买了这本书。（☺）

【你的句子】

7. 明摆着

【说明】
动词性。某个人目的、想法或某种情况非常清楚，不需要多说。

【例句】
(1) 父母这样说，明摆着是反对你们结婚。
(2) 他的意思明摆着，难道你还不明白吗？

【辨析】明摆着 & 清楚
"清楚"是形容词。声音、字迹等一看就知道。

【比较】
老师说话的声音太小了，我听不明摆着。（☹）
老师说话的声音太小了，我听不清楚。（☺）

【你的句子】

8. 刁难（diāonàn）

【说明】
动词或名词。故意用某些不好的手段、方法等，给别人做事带来不便。带有贬义。

【例句】
(1) 她是个喜欢刁难别人的女孩子。
(2) 在工作中，我受了老板的很多刁难。

【你的句子】

9. 排

【说明】

① 动词。按照某种线性的顺序列出。
② 量词。用于横向排列的事物。

【例句】

(1) 请大家排队上车。
(2) 图书馆前边种了一排银杏树。
(3) 我的座位号是23排5号。

【你的句子】

10. 名次

【说明】

名词。在考试、比赛等活动中得到的成绩相互比较后，按照由高到低的顺序排列后的结果。表示名次的方法是：第一名、第二名……

【例句】

(1) 这次期末考试你的名次怎么样啊？
(2) 由于身体状况不佳，这次比赛我没有取得名次。

【你的句子】

11. 无法无天

【说明】

动词性。一个人做事时，什么约束也没有。带有贬义。

【例句】

(1) 你没告诉父母就结婚了，真是无法无天！
(2) 这个学生居然和老师吵架，简直无法无天了！

【你的句子】

12. 根本

【说明】
① 名词。最基础的、最重要的事物。
② 形容词。最基础的、最重要的。

【例句】
(1) 经济发展是国家发展的根本。
(2) 解决问题最根本的是要找到发生问题的原因。

【你的句子】

13. 灌输（guànshū）

【说明】
动词。传授给人某些知识、道理等。但是这种传授常在不管别人能否接受、愿不愿意接受的情况下进行，因此略带贬义。常用句式：

> (1) 灌输给+人+事
> (2) 把+事+灌输给+人

【例句】
(1) 你每天给孩子灌输什么"有钱""大款"的,他怎么能好好学习呢?
(2) 上课时,老师灌输了很多内容,可是学生不能完全理解。

【你的句子】

14. 接触

【说明】
动词。和人有来往、打交道或接近某事某物。

【例句】
(1) 政府官员只有多接触老百姓,才能为老百姓办事。
(2) 我还没接触过这样的工作,所以有点儿担心。

【你的句子】

15. 遵循 (zūnxún)

【说明】

动词。按照某种规律、道理去做事。

【例句】

(1) 教育孩子应遵循教育规律，不然达不到效果。

(2) 不遵循自然规律办事，就会得到相反的结果。

【辨析】 遵循 & 遵守

"遵循"的对象是某种规律、道理等。"遵守"的对象是某一规定、法律等。

【比较】

上课的时候，学生要遵循课堂纪律。（☹）

上课的时候，学生要遵守课堂纪律。（☺）

【你的句子】

16. 天生

【说明】

形容词。人的某种能力、好恶(hàowù)等是本身就具有的，而不是后天形成的。

【例句】

(1) 她的语言能力好像是天生的。

(2) 我天生就不喜欢做饭，所以想学也学不会。

【你的句子】

17. 感染

【说明】

动词。某种情绪、气氛非常强烈，使人产生相近的感觉。

【例句】

(1) 他那快乐的情绪深深地感染了我，我也变得活跃起来。

(2) 优美的音乐感染了每个人。

【你的句子】

18. 恢复

【说明】

动词。从一种不正常的状态渐渐转入正常的状态。

【例句】

(1) 两国于1972年恢复了外交关系。
(2) 她的身体还没完全好,不过正在恢复。

【你的句子】

19. 因人而异

【说明】

动词性。根据每个人的性格、爱好,采用不同的做事方法、态度等。

【例句】

(1) 老师的教学方法应该因人而异。
(2) A:那部电影到底好不好?
　　B:这还要因人而异。

【你的句子】

20. 摸索(suǒ)

【说明】

动词。对所做的事不熟悉,因此试着边做边了解和熟悉其方法、经验。

【例句】

(1) 这个工作我以前没做过,只能摸索着做。
(2) 他们摸索出的新方法非常有价值。

【你的句子】

21. 若干

【说明】

数词。表示不确定的且不太少的数量。后面直接跟量词或名词,除了"人""事"以外,其它单音节名词很少直接出现在"若干"后。当回答对方的问题时,后边的名词、量词可以省略。常用句式:

(1) 若干+量词+名词
(2) 若干+双音节名词

【例句】

(1) 他买了若干瓶啤酒。
(2) 回国后,他常常回忆起留学时的若干情景。

【比较】

他的若干诗我都会背。()
他的若干诗作我都会背。()

【你的句子】

22. 浮躁 (fúzào)

【说明】

形容词。人的心境、社会氛围处于一种不稳定的状态。带有贬义。

【例句】

(1) 快毕业了,一些学生变得浮躁起来,整天忙着找工作,根本学习不下去了。
(2) 现代社会越来越浮躁了。

【辨析】 浮躁 & 暴躁 & 急躁

"暴躁"指脾气非常大,动不动就发很大的脾气。"急躁"指性格是做事很着急。都带有贬义。

【比较】

做事不能太暴躁了，要有耐心。（）

做事不能太急躁了，要有耐心。（）

【你的句子】

23. 转嫁

【说明】

动词。把自己的某种过错、责任等推到别的人身上。常用在"把"字句中。略带贬义。常用句式：

> (1) 把+某种过错、责任等+转嫁给+人
> (2) 把+某种过错、责任等+转嫁到（他人）的身上

【例句】

(1) 很多父母把自己没有实现的理想转嫁给了孩子。

(2) 别把自己应该承担的责任转嫁到别人身上。

【你的句子】

24. 乐趣

【说明】

名词。在做某件事情的过程中感受到的快乐。

【例句】

(1) 很多女人喜欢逛商场，是因为她们能在其中找到乐趣。

(2) 对一个不爱学习的人来说，学习是一件没有乐趣的事。

【辨析】 乐趣 & 兴趣

"兴趣"指某人的爱好，因此主语是人；而"乐趣"不是爱好，而是某事带给人的快乐的感觉，因此主语是某件事。

【比较】

(1) 我对打网球感兴趣。

(2) 以前我对爬山不感兴趣，可是时间长了，我发现爬山也是很有乐趣的，所以现在我变得对爬山很感兴趣了。

【你的句子】

25. 落(luò)空

【说明】

动词。一个人的打算、计划、希望等不可能变为现实。

【例句】

(1) 因为周末要加班，我们去郊游的计划落空了。

(2) 为了不让父母对我的希望落空，我一定要努力学习。

【你的句子】

词／语／练／习

一、辨析

1. 胡乱 乱

   (1) 早上起晚了，我（　　）梳了几下头就来上班了。
   (2) 别（　　）想！他只是我的同学，不是男朋友。

2. 付出 付

   (1) 这顿晚饭大家各（　　）各的。
   (2) 要想成功，必须（　　）汗水。

3. 遵循 遵守

   (1) 生老病死，这是每个人都要（　　）的客观规律。
   (2) 过马路时，很多人不（　　）交通规则。

4. 枯燥 浮躁 急躁

   (1) 圣诞节前，人心都（　　）起来，上课的人数常常不齐。

(2) 做什么事都不能（　　），俗话说"心急吃不了热豆包"。

(3) 这本介绍心理学的教材太（　　）了，我看不下去了。

5. 乐趣 兴趣

(1) 他只喜欢在家看书，对别的都没有（　　）。

(2) 有的人不喜欢做饭，可是有的人却觉得做饭是一件很有（　　）的事。

二、用"词语解释"中的词语改写句子中画线的部分

1. 她<u>理想的</u>大学是清华大学，可是考上的是北京理工大学。

2. 是你忘了见面的时间，为什么<u>却</u>说是小丽没告诉你呢？

3. <u>时间过得真快呀</u>，我就要大学毕业了。

4. 我<u>找了半天</u>，也没找到钥匙。

5. <u>还用说吗</u>，他那么做就是爱你，你怎么看不出来呢？

6. 前几天的天气不太正常，<u>这两天才好一些</u>。

主题文章

教 子 方 略

　　转眼之间，儿子已经快六岁了。6年来，我好像什么也不曾教他，现在他几乎什么都不会，什么也不懂。上了几年幼儿园，儿子每次拿回家的绘画作品，和鸡爪子蘸了颜料胡乱踩在纸上的效果差不多，完全看不出有

我太太的遗传①；回到家唱几首歌，也只是鹦鹉学舌。他惟一可以骄傲一下的就是能讲两三个故事，可是翻来覆去地讲，现在我也听腻了。就算这样，我们还得为此付出奖赏，不然他就会对我们说："你们又忘了说'真棒'了。"

更糟糕的是，他还不知从哪儿学来一些坏毛病。比如我们一家三口在街上或电视里看到有美女出现，他就会问："爸爸，你觉得这个女孩漂亮还是我妈妈漂亮？"这明摆着就是刁难我嘛！另外，据他自己吹牛说，有一次他在幼儿园里举行了一次选美大赛，让他们班的女生坐成一排，他一个个地给分、排名次。简直是无法无天了！还有一段时间，他喜欢在班里自封②为"大王"，要求别的小朋友都这么叫他，好在后来老师只安排给他一个小小的芝麻官③——组长，可是，他却认为组长已经是很大的"官"了，还打电话告诉爷爷、奶奶、姥爷、姥姥什么的，实在让人哭笑不得。

儿子就这样渐渐长大，而我只是"无为而治④"。在我看来，孩子的智力发育就是遗传基因⑤控制的，而且我相信，兴趣才是最好的老师。我们不必灌输给他什么知识和思想，只要是他感兴趣的，他自然会问会学。引导儿子学习自己感兴趣的知识，并让他更多地接触和认识社会才是教育的根本。所以，我遵循自然规律，尊重儿子爱玩儿的天性，让他快乐地生活，无忧无虑地成长。

当然，即便是性格也有一部分是遗传的。我是一个天生的乐天派，这一遗传基因在儿子身上得到了充分的表现。我太太常说，儿子就是我们的"开心果"，在他的眼里，世上有"百事可乐"，而且都"非常可乐"。有时候，我们大人要是有点什么不开心的事，他还要来劝我们"别生气嘛，一家人都高高兴兴的，不是很好吗？"我们自然会受到感染，恢复快乐的心情。

① 遗传：通过血缘关系传承。
② 自封：自己给自己一个官衔。
③ 芝麻官：级别最低的官员。
④ 无为而治：道家的治国思想。这里指不过多地管教孩子，而是让他自由地成长。
⑤ 基因：gene。

总而言之，我个人认为，"授人以鱼"和"授人以渔"都不重要，因为鱼总有一天要吃完的，而捕鱼的方法也是因人而异的。在这个创新制胜①的年代，与其让儿子学过去的"渔"，不如让他自己去摸索"渔"的若干种方法和享受寻找的乐趣。同时，如今的世界也变得越来越浮躁，与其把成人的希望和负担转嫁到儿子身上，不如让他享受一个快乐的童年：一是让他学会享受生活的乐趣，二是让他将来想寻找一个美好回忆的时候不会落空。

(选自《北京青年报》)

◇ 文章话题训练

一、根据文章的意思，"授人以渔"和"授人以鱼"有什么不同？

二、你能用哪些词语来形容课文里的儿子？

三、有的父母和文章中的父亲不同，为了孩子"成材"，不管孩子是否有兴趣，都让孩子学习很多东西。假设你就是文章中的那位父亲，请用下面的词语组成一段话，批评他们的做法。

灌输　遵循　因人而异　转嫁　无忧无虑　遗传
根本　享受　总而言之

◇ 相关话题训练

一、从小学、中学、大学到现在，给你印象最深的是什么时候？为什么？

二、在你们国家，父母们通常是怎么教育孩子的？

三、你小时候你的父母是怎么教育你的？请举例说明。

四、如果你有孩子，你对孩子最大的期望是什么？你会采用什么方法教育他？为什么？

---

① 创新制胜：只有创新才能赢得成功。

五、根据你的知识,谈谈东西方的教育方法有什么不同。

六、下面是影响一个人能否成功的几个因素,你觉得哪些是重要的?为什么?
　　1. 智商
　　2. 受教育程度
　　3. 遗传基因
　　4. 人际关系
　　5. 家庭

七、下面是一些假设的情况,请说说那时你会怎么做。
　　1. 你的孩子有很多玩具,可是在玩具店他还要买新的。
　　2. 你的孩子比较挑食。
　　3. 你的孩子说谎了。
　　4. 你的孩子每天回家时都很高兴,可是今天却一句话也不说。
　　5. 你感觉你的孩子有异性朋友了。
　　6. 如果你的朋友当爸爸或妈妈了,你怎么向他们表示祝贺?
　　7. 别人在你面前说自己上小学的孩子不听话,你说什么才合适?

语句训练

句/式/训/练

【一】(1) 优点₁,优点₂,……,惟一(说话人的感觉)+ 的就是 + 缺点
　　 (2) 缺点₁,缺点₂,……,惟一(说话人的感觉)+ 的就是 + 优点

🔍 原句

　　儿子每次拿回家的绘画作品,和鸡爪子蘸了颜料胡乱踩在纸上的效果差不多,完全看不出有我太太的遗传;回到家唱几首歌,也只是鹦鹉学舌。

他惟一可以骄傲一下的就是能讲两三个故事……

📖 **解释**

前边列举某个人、事物的若干优点或缺点，后边说明惟一的缺点或优点。如：

(1) 这件衣服样式新颖，价钱合理，惟一不适合孩子穿的就是颜色太浅，很容易脏。
(2) 你说的汉语没什么语法错误，用的词语也很得当，惟一有点儿问题的就是声调。

👥 **表达**

(1) 你对你的电脑很多方面都很满意，只是不满意它的外观。

(2) 你不太喜欢你的同屋，但是对他的学习态度比较满意。

(3) 你觉得在中国的生活还不错，只是有时候觉得有点儿单调。

【二】 就算……，还/也……，不然……

🔑 **原句**

就算这样，我们还得为此付出奖赏，不然他就会对我们说："你们又忘了说'真棒'了。"

📖 **解释**

即使出现了某种情况，也不能觉得够了，不能满足，如果觉得够了、满足了，就会有不好的情况。

(1) 就算你得到了这份工作，也不能满足，不然早晚会被"炒鱿鱼"。
(2) 就算你已经告诉我了，你也要随时提醒我，不然我可能会忘了。

👥 **表达**

(1) 你的汉语水平已经很高了，但是回国后还要继续学习。

(2) 结婚以后也要互相尊重。

(3) 你很喜欢吃冰淇淋，也不能天天吃。

【三】 不太好的情况，好在+比较幸运的事

原句

他喜欢在班里自封为"大王"，要求别的小朋友都这么叫他，好在后来老师只安排给他一个小小的芝麻官……

解释

出现了某种不好的情况，但是比较幸运，所以情况不是很糟糕。如：
(1) 半路上，我的自行车坏了，好在遇见了我的同学。
(2) 他感冒了，好在不太厉害。

表达

(1) 下大雨了，幸运的是我带了雨伞，所以没被淋湿。

(2) 考试很难，幸运的是他准备得非常充分，所以成绩还可以。

(3) 我太想家了，不过还有一个星期就可以回家了，所以我可以忍耐。

【四】 与其+不选项，不如+选项，做出上述选择的一个或多个原因

原句

与其把成人的希望和负担转嫁到儿子身上，不如让他享受一个快乐的童年：一是……，二是……

解释

在两种可选项中作出选择，并进一步说明作出这样选择的理由。如：
(1) 与其去电影院，不如买张DVD，一是便宜，二是可以想什么时候看就什么时候看。

(2) 与其让他帮忙，不如你自己做，他最近特别忙。

表达

(1) 上下班时间坐车好还是骑车好？

(2) 你很累的时候，是继续学习呢还是休息一会儿？

(3) 选择工作时，你会去小公司当经理呢？还是会去大公司当一般职员？

词/语/训/练

◇ 用指定的课文中的词语回答问题

1. 动词+腻了
   A：今天我们吃什么？
   B：_____

2. 动词+不出
   A：这个问题难吗？
   B：_____

3. 吹牛
   A：为什么大家都不相信他的话？
   B：_____

4. 让……哭笑不得
   A：你的孩子两岁了，一定很可爱吧？
   B：_____

实战训练

一、调查

请你根据下面的提纲,对中国大学生或中学生进行一次调查,在班上做口头报告。

1. 你在中学是怎么学习的?
2. 你每天的作息时间是怎么安排的?
3. 你认为你的父母对你有什么希望吗?他们最大的希望是什么?
4. 你对自己最大的希望是什么?
5. 你理想的教育方式是什么?

二、表演

1. 五个人一组,分别扮演爷爷、奶奶、爸爸、妈妈和孩子。孩子考试成绩不好,带了成绩单回家后,家里人的表现。

2. 四个人一组,分别扮演孩子 A 和他爸爸或妈妈、孩子 B 和爸爸或妈妈。A 在外边和 B 打架了,晚上 B 的家长带了 B 一起来 A 的家,很生气的样子。他们会怎么解决呢?

三、分组辩论

1. 在我们的课文中,父亲对孩子的教育原则是"无为而治",也就是说让孩子按照自己的兴趣去自由发展,让孩子充分享受儿童的快乐。但是有人认为,孩子毕竟是孩子,自己并不清楚自己真正的爱好在哪儿,并不知道自己的特长在哪儿,如果父母任其发展,那么当孩子长大以后知道应该学习什么,再开始学习的话,就太晚了,那时孩子会后悔,也会责怪父母。你赞成哪个观点呢?

正方:无为而治利大于弊
反方:无为而治弊大于利

2. 现在很多年轻的父母不准备要孩子,我们把夫妻二人都工作,而没有孩子的家庭称为"丁克"家庭。他们认为在现在的社会环境下,培养孩子无论从物质上还是精神上看都不是一件容易的事,在没有充分的准备之前,不能随便要孩子,或者干脆不要。而很多人则认为这种行为是自私的、不愿意负责任的表现。你的看法呢?

　　正方:"丁克"现象是负责任的表现

　　反方:"丁克"现象是不负责任的表现

相关链接

- 请说出下面句子中与教育有关的词语的意思

  1. 孩子正处于青春期,有逆反心理是正常的。
     (1) 青春期:
     (2) 逆反心理:

  2. 虽然国家实行九年义务制教育,但是在一些贫困地区,还是有一些孩子因为贫困而失学。
     (1) 九年义务制教育:
     (2) 失学:

  3. 中国有很多独生子女。由于家中只有一个"小皇帝",父母、祖父母非常宠爱孩子,有的甚至到了溺爱的地步。
     (1) 独生子女:
     (2) 宠爱:
     (3) 溺爱:

  4. 在东方文化中,孩子孝顺父母是天经地义的事情。
     孝顺:

- 与家庭教育有关的俗话

  1. 养儿防老——生养孩子是为了老了以后有人照顾。
  2. 不打不成材——孩子只有打才能长大,才能成功。

3. 打是疼，骂是爱——父母对孩子的打骂是对孩子的关心和爱。

4. 子不教，父之过——孩子教育得不好是父亲的责任。

⌛ **读一读下面的故事，然后说一说这个故事告诉我们什么**

　　古代有一个孩子叫孟珂（kē），他的家住在一个墓（mù）地的附近。孟轲看见别人举行葬（zàng）礼时都哭，就跟在后边哭着玩儿。他的母亲说："我的孩子住在这里不合适。"就立刻搬家，搬到了一个集市的附近。孟轲看见商人吆喝（yāohe）着卖东西，就又吆喝着玩儿。他的母亲又说："我的孩子住在这里也不合适。"就又立刻搬家，搬到了一所学校的附近。这时，孟轲开始要求学习了。他的母亲说："这里才是适合我的孩子居住的地方啊！"于是就住下了。这个叫孟轲的男孩子就是后来中国历史上著名的思想家——孟子。

主题七　饮　食

 话题准备

你知道按照地方的不同，中国有哪几大菜系吗？它们各有什么特点？

 词语准备

词/语/解/释

1. 藏（cáng）

【说明】

动词。为了不让别人发现，某人到一个隐蔽的地方去，或者把某物、某人安排到某个隐蔽的地方。常用句式：

(1) 人+把+人/物+藏在+地方
(2) 藏+起来

【例句】

(1) 弟弟把姐姐的书藏在衣柜里了。
(2) 爸爸找你来了，快藏起来！

【辨析】 藏 & 躲

"藏"的主语可以是人,也可以是物,而"躲"的主语只是人,而且"躲"的原因一般是由于害怕。

【比较】
钱藏在哪儿了? (☺)
钱躲在哪儿了? (☹)

【你的句子】

2. 框(kuàng)

【说明】
名词。镶嵌在东西的四边,起到保护、支撑作用的东西,一般用木头、金属等材料制成。

【例句】
(1) 我要买一个相框放全家福。
(2) 他的个子很高,头都快碰到门框了。

【你的句子】

3. 四面八方

【说明】
名词性。"四面"指的是东、南、西、北,"八方"指的是东、南、西、北、东南、东北、西南和西北。因此"四面八方"表示各个方向,各个地方。

【例句】
(1) 他成了明星以后,收到了四面八方的影迷写来的信。
(2) 我们来自四面八方。

【你的句子】

4. 抽

【说明】

动词。把东西从较小的空隙中取出。

【例句】

(1) 她抽出一张纸巾擦眼泪。
(2) 我们抽签来决定谁去参加比赛。

【你的句子】

5. 整个

【说明】

名词。指一个东西的全部。

【例句】

(1) 整个苹果都坏了,不能吃了。
(2) 我看到了事情的整个过程。

【辨析】 整个 & 全部 & 所有

从意思上看,"全部"和"所有"可以是一个东西,也可以是几个东西;"整个"指的是一个东西的全部。从功能上看,"所有"只能用在名词的前边,"整个""全部"可以在名词前,也可以在动词、形容词前。

【比较】

这几个箱子里的水果整个烂了。 ()
这几个箱子里的水果全部烂了。 ()
这几个箱子里所有的水果都烂了。 ()

【你的句子】

6. 呼吸

【说明】

① 动词。人或动物的身体与外界进行气体交换。
② 名词。人或动物的身体与外界进行气体交换的动作。

【例句】

(1) 雨停了,我们去外边呼吸呼吸新鲜空气吧!

(2) 病人的呼吸越来越微弱了,快去叫大夫!

【你的句子】

7. 护短

【说明】

动词。对某人的错误、缺点不但不批评,而且进行辩护,不让别人批评。这里,"短"指的是一个人的短处、错误、缺点。常见句式:

护+人+的+短

【例句】

(1) 奶奶常常护孙子的短。

(2) 老师批评孩子的时候,孩子的家长却极力护短。

【你的句子】

8. 营(yíng)养

【说明】

名词。维持生物生长需要的某种物质。

【例句】

(1) 吃东西不能只顾好吃,还应该讲究营养。

(2) 鸡蛋很有营养。

【你的句子】

9. 瞎(xiā)

【说明】

副词。用在动词前,表示没有根据地、随便地,带有贬义。

【例句】

(1) A：听说你要结婚了？
　　B：别瞎说，我连女朋友都还没有呢！
(2) 他在外边瞎吃瞎喝，所以拉肚子了。

【你的句子】

10. 优势 (shì)

【说明】

名词。胜过对方的有利条件。句中常出现表示比较的成分。

【例句】

(1) 找工作的时候，重点大学的毕业生更有优势。
(2) 中国人口众多，和其它国家相比，占有劳动力的优势。

【你的句子】

11. 归纳 (guīnà)

【说明】

动词。对一些具体的事实进行总结、概括。

【例句】

(1) 每天晚上，他都要把听课笔记归纳整理一遍。
(2) 在文章的最后，我把我的意思归纳为三点。

【你的句子】

12. 存放

【说明】

动词。常用来指把东西临时放在某个可靠的地方。

【例句】

(1) 进入超市以前，先把你的书包存放在存包处。
(2) 没喝完的牛奶要存放在冰箱里。

【你的句子】

13. 精细

【说明】

形容词。人做事时非常细致认真。

【例句】

(1) 妻子在家庭收支方面非常精细。
(2) 他考虑问题比一般人精细。

【你的句子】

14. 现场

【说明】

名词。进行比赛或发生事故、案件等的场所及状况。

【例句】

(1) 事故发生五分钟后,警察就赶到了现场。
(2) 中央电视台将对这场比赛进行现场直播。

【你的句子】

15. 示（shì）意

动词。用表情、动作、含蓄的语言等表示意思。常用句式:

示意+人+动词

【例句】

(1) 警察示意我靠边停车。
(2) 他把食指放在嘴上,示意我说话小声点儿。

【你的句子】

16. 杂 (zá)

【说明】

形容词。各种东西混合在一起的。

【例句】

(1) 我们小区住的人很杂。
(2) 猴子是杂食动物。

【你的句子】

17. 平衡 (héng)

【说明】

动词。使对立的各方面在数量或质量上处于相等的状态。

【例句】

(1) 他平时不努力,可是考试却比我好,我心里很不平衡。
(2) 这个月我的收入和支出终于保持平衡了。

【你的句子】

18. 掌握 (zhǎngwò)

【说明】

动词。了解并充分支配、运用。

【例句】

(1) 学了一年多,我已经掌握了两千多个汉语词汇。
(2) 古代,人类就掌握了星座运行的规律。

【你的句子】

19. 卫生

【说明】

名词。干净整洁的状态。

【例句】

(1) 你要注意个人卫生。

(2) 下课后,全班同学一起打扫卫生。

【你的句子】

20. 停止 (zhǐ)

【说明】

动词。不再进行某事。后边多是双音节动词。

【例句】

(1) 人们希望停止战争。

(2) 他的心脏停止了跳动。

【辨析】 停止 & 停

"停"表示从动态到静态。如:

(1) 车停了。

(2) 今天下午停水停电。

【比较】

从今天开始,这家商场停营业了。(☹)

从今天开始,这家商场停止营业了。(☺)

【你的句子】

21. 采访

【说明】

动词。媒体记者向新闻人物提出若干问题。

【例句】

(1) 我们对工厂的厂长和职工进行了采访。

(2) 获得冠军后,很多记者来采访他。

【你的句子】

词／语／练／习

一、辨析
    1. 藏 躲 避
        （1）她把男朋友写的情书_____在枕头下边。
        （2）看到生人，孩子就马上_____在妈妈身后。
        （3）出去旅行时，最好_____开学生放假的时间。

    2. 整个 所有 全部
        （1）_____地方都找遍了，可是还是没找到。
        （2）等我们班的同学_____到齐后，就马上出发。
        （3）听到这个消息，他_____人都傻了。

    3. 优势 优点
        （1）这种运动鞋的_____是轻巧、透气性强。
        （2）在某些方面，女人比男人有_____。

    4. 停止 停
        （1）时间到了，请大家_____答卷。
        （2）哎呀！我的表_____了！

二、用"词语解释"中的词语填空
    1. 这家商店什么东西都卖，非常_____。
    2. 我去眼镜店_____一副近视镜。
    3. 我批评孩子的时候，你不要在旁边_____。
    4. 他已经_____了开车的技巧。
    5. 他向我招了招手，_____我过去。
    6. 丈夫做事不太_____，总是凑合一下就做完了。
    7. 别在作业本上_____画，老师看了会生气的。
    8. 请你从这几张扑克中随便_____出一张，我们玩儿个游戏。

主题文章

美食大家谈

主持人：各位朋友好，咱们今天谈的是饮食文化，现在在前排就座的是几位美食家。咱们先从四川人张先生开始。

张先生："粤"字的上面是一个仓库，里边藏着的是"米"；再说"鲁"，上面有一个大大的"鱼"字；我们"四川"的"四"，外边是一个大框，那就是张大的嘴，里边呢，是一个"八"字，意思是吃遍四面八方。

主持人：邓先生，您也是四川人，您也觉得川菜好吃吗？

邓先生：川菜一到炒菜的时候，抽油烟机里吹出的全是辣味，连整个四川盆地也全都是辣味。有人说，到了四川喝牛奶都要注意，牛奶都是辣的。为什么？因为牛呼吸了带辣味的空气以后，产出的奶都是辣的。虽然我是四川人,但我不护短,说实话,我是吃川菜长大的,但有时感到肚子疼。

主持人:我们再听听其他美食家的看法。

陈先生:有一种说法,就是"北京人什么都敢说,上海人什么都敢穿,广东人什么都敢吃"。有些人说我们广东人吃猴子,其实广东人什么都吃,不过吃的都是有营养的,而吃活的猴子是瞎吹的,我生在广州,长在广州,根本就没吃过猴子。

主持人:那您觉得粤菜的优势在什么地方?

陈先生:不生不熟,不咸不淡,不多不少,人见人爱呀!

主持人:这位广东朋友得意得够呛啊!黄先生,谈谈您的淮扬菜吧。

黄先生:淮扬菜的发展,从文化来讲,受到了中国数千年儒家思想的影响。《吕氏春秋》里介绍过淮扬菜的特点,归纳一下就是:一、原料可以存放较长的时间,并且不会影响菜的质量;二、肥而不腻,淡而不薄,比如炖鸡汤,看着很清,但很有味道;三、淮扬菜也有酸的和辣的,但不会让你吃不下去。

主持人:听着挺复杂的。我们再听听鲁菜是不是简单一点。

刘先生:孔子是我们山东的美食家,他曾经说过,吃饭要讲究精细,比如肉丝切得越细越好,不过那在饭馆里比较常见,因为人们在饭馆里就是尝尝鲜,吃吃这个,吃吃那个,回到家还是包饺子,吃炸酱面。

主持人:听完了美食家的介绍,该我们现场的观众朋友发言了。谁想说就请举手示意。那位先生,您请。

观众1:我觉得中国的饮食文化是最好的,好就好在杂。什么是杂?杂就是平衡,各大菜系要掌握平衡,总要有几个菜配,比如辣的跟不辣的,油腻的跟清淡的,干的跟稀的,凉的跟热的。

观众2:就我所知,日本人呢,配菜很好,红的、绿的、西红柿、胡萝卜、柿子椒。日本人也讲究营养,可是他们不重吃,而是用眼睛吃饭,就是看。法国人呢,是用心吃饭,什么东西配红葡萄酒,什么东西配白葡萄酒。美国人呢,就是用脑子吃饭,吃什么东西前都想想,这个能吃吗?这个卫生吗?只有我们中国人用舌头吃饭,这个辣的,这个淡的,在甜、酸、苦、辣、咸五味的基础上变化出八大菜系。

主持人：您的这种说法很有意思。那我采访一下这位瑞典朋友，刚才有人说，你们外国人吃的东西不好吃，只有中国的东西好吃，不知道你们同意不同意？

瑞典观众：怎么说呢？有时候，四川菜有点辣，麻辣火锅那么辣，吃不了。还有，我们也吃猪肉、牛肉、羊肉，但是不吃狗肉，因为狗是瑞典人的朋友。

观众3：我不同意，我很喜欢吃狗肉，狗肉很好吃。

主持人：我觉得应该停止采访了，要不然就有可能吵起来了。今天我们听到好多吃的学问，也不知道对电视机前的观众朋友有没有用。最后我们祝愿家家户户春节快乐。

(选自 http://www.cctv.com)

话题训练

◇ 文章话题训练

一、文章中共介绍了哪几个地方菜？它们的特点各是什么？

二、文章中的一名观众谈到了中国人、日本人、法国人和美国人在饮食方面的不同特点，你觉得他的说法怎么样？

◇ 相关话题训练

一、根据你对中国菜的了解，谈谈中国菜的特点。

二、你吃过哪些国家的菜？请介绍一下它们各自的特点。

三、你的拿手菜是什么？请向大家说明做法。

四、中国人常说"饮食文化"，那么饮食中有文化吗？比如你觉得饮食习惯和某地的文化、某地人的性格有关系吗？请结合实例谈谈你的看法。

五、你喜欢下面哪种就餐环境？（也可提出自己的意见）

1. 安静

2. 舒适
3. 浪漫
4. 古典
5. 现代
6. 热闹

语句训练

句/式/训/练

【一】 在/到+方位词语+就座

🔍 原句

现在在前排就座的是几位美食家。

📖 解释

表示坐在某个地方,用于比较正式的场合。如:
(1) 校长,请您到前排就座。
(2) 在主席台就座的是各位领导。

👥 表达

(1) 在大会开始时,首先介绍在第一排坐着的来宾。

(2) 你是某大饭店的服务员,客人来了,你请他们坐到8号桌。

【二】 一到……的时候/时

原句
川菜一到炒菜的时候,抽油烟机里吹出的全是辣味。

解释
表示某种规律性的情况发生的条件。如:
(1) 一到阴天的时候,奶奶的腿就有点儿疼。
(2) 一到吃饭时,我就习惯打开电视,边吃边看。

表达
(1) 春节 ⟶ 火车票很不好买到

(2) 放学 ⟶ 学校外边有很多家长

(3) 天气不好 ⟶ 我的心情不好

【三】 问题+回答

原句
到了四川喝牛奶都要注意,牛奶都是辣的,为什么?因为牛呼吸了带辣味的空气以后,产出的奶都是辣的。

解释
这是设问句,即自问自答。提出一个问题,并不需要别人回答,下面自己马上作出回答。这样使语句显得富于变化,比较活泼。如:
(1) 他是谁?他就是著名的导演张艺谋!
(2) 政府应该限制私人汽车的发展,为什么呢?因为现在堵车的现象太严重了。

表达
(1) 告诉你的朋友,你去的一家饭馆糟糕极了。

(2) 你有好几年没回老家了，回去以后，发现很多地方你都不认识了。

(3) 告诉孩子不能用湿手摸电器的开关，并说明原因。

【四】 形容词+得够呛

🔑 原句

这位广东朋友得意得够呛啊！

📖 解释

表示某种状态达到了比较高的程度。形容词多是贬义的。如：
(1) 昨天我累得够呛，很早就睡了。
(2) 你的手脏得够呛，快去洗洗吧！

👤 表达

(1) 最近你的工作特别忙。

(2) 今天的太阳非常晒，你让你的同屋擦一点儿防晒霜再出去。

(3) 你的朋友在唱卡拉OK，可是很难听，你让他不要唱了。

【五】 形容词+就+形容词+在……

🔑 原句

我觉得中国的饮食文化是最好的，好就好在杂。

📖 解释

表示某种状况的表现或原因。如：
(1) 汉语的发音难就难在有四个声调。
(2) 这件事坏就坏在不应该让小王知道。

表达

(1) 有一种手机很贵,因为它可以用来拍照。

(2) 他很傻,表现在明明知道女朋友不爱他,可他还是爱女朋友。

(3) 在比赛中,队员们的表现很差,因为他们输给了实力比自己弱的对手。

【六】 就+人称代词+所知,句子 (知道的事情)

原句

就我所知,日本人呢,配菜很好。

解释

说明某人知道的某种情况。用于比较正式的场合。如:
(1) 就我所知,他并无结婚的打算。
(2) 能不能就你所知,谈谈中国菜的特点?

表达

(1) 你了解中国的人口政策吗?

(2) 你知道什么动物最聪明吗?

(3) 你知道中国有多少个少数民族吗?

词/语/训/练

一、中国饮食中的五味是:____、____、____、____、____。

二、写出反义词语

熟—(　　)　　咸—(　　)　　油腻—(　　)　　干—(　　)

三、下面是和做菜有关的词语，请根据你所知道的中国菜，说说它们有什么不同

（一）动作

1. 炒——
2. 炸——
3. 炖——
4. 煎——
5. 烤——
6. 烧——
7. 煮——

（二）形状

1. 丝——
2. 片——
3. 块——
4. 丁——

 实 战 训 练

一、实况模拟

实况一：

已经下午1点了，可是你还没吃饭，当然非常饿。你给一家饭馆打电话，希望他们快点儿给你送餐。请两个人一组，一位是饭馆的服务员，一位是顾客。内容应包括：

1. 地址
2. 菜名（你不喜欢吃香菜）
3. 对时间的要求

实况二：

你在一家饭馆吃完饭，正要付钱的时候，突然发现自己没带钱包。你

怎么办？饭馆的服务员又会有什么表现？请两个人一起设计一组对话，解决这个问题。

实况三：

马上要毕业了，学生会举办了一次"谢师宴"，以此向老师们表示感谢。在"谢师宴"上，你作为学生代表发言，你会说什么？请用比较正式的语体进行表达。

二、分组辩论

在文章最后，一位瑞典观众和一位中国观众对吃不吃狗肉持不同的观点，但是主持人没有让他们的谈话进行下去。你同意谁的观点呢？请大家分成两组进行辩论。

正方：可以吃狗肉

反方：不能吃狗肉

相关链接

中国的八大菜系

中国菜肴在烹饪上有许多流派。其中最有影响和代表性的，也为社会所公认的有：鲁、川、粤、闽、苏、浙、湘、徽等菜系。

一个菜系的形成是和它的悠久历史与独到的烹饪特色分不开的，同时也受到这个地区的自然地理、气候条件、资源特产、饮食习惯等影响。有人把"八大菜系"用拟人化的手法描绘为：苏、浙菜好比清秀素丽的江南美女；鲁、皖菜犹如古拙朴实的北方健汉；粤、闽菜宛如风流典雅的公子；川、湘菜就像内涵丰富充实、才艺满身的名士。

八大菜系	流派	特点	名菜
山东菜系（鲁菜）	由济南和胶东两部分地方风味组成	味浓厚、喜葱蒜,擅长烹制海鲜、汤菜和各种动物内脏	油爆大虾、红烧海螺
四川菜系（川菜）	有成都、重庆两个流派	味多、味广、味厚、味浓	宫爆鸡丁、鱼香肉丝
江苏菜系	由扬州、苏州、南京地方菜发展而成	以炖、焖、煨著称;重视调汤,保持原汁	鸡汤煮干丝、狮子头
浙江菜系	由杭州、宁波、绍兴等地方菜构成,最负盛名的是杭州菜	鲜嫩软滑,香醇绵糯,清爽不腻	西湖醋鱼、叫花鸡
广东菜系（粤菜）	有广州、潮州、东江三个流派,以广州菜为代表	烹调方法突出煎、炸、烩、炖等,口味特点是爽、淡、脆、鲜	烧乳猪、古老肉
湖南菜系（湘菜）		注重香辣、麻辣、酸辣、焦麻、香鲜,尤为酸辣居多	红煨鱼翅、冰糖湘莲
福建菜系（闽菜）	由福州、泉州、厦门等地发展起来,并以福州菜为其代表	以海味为主要原料,注重甜酸咸香、色美味鲜	金寿福、太极明虾
安徽菜系（徽菜）	由皖南、沿江和沿淮地方风味构成,皖南菜是主要代表	以火腿佐味,冰糖提鲜,擅长烧炖,讲究火工	葫芦鸭子、符离集烧鸡

接风洗尘宴、饯行宴

孔子曾说:"有朋自远方来,不亦乐乎?"远方来了人,不管是客人还是回家的人,大家都会聚在一起吃一顿饭,表示热情的欢迎,这顿饭叫"接风宴"或"洗尘宴";对要离开、远行的人,人们希望他平安顺利,也会吃一顿饭,这顿饭叫"饯行宴"。

在饭馆的注意事项

1. 在饭馆,菜单的顺序一般是:凉菜—热菜—主食—酒水。凉菜一般是喝酒时才点的,如果你不喝酒,直接点热菜就可以了。

2. 有时,菜单上的菜名,就是中国人也不明白,因为很多饭馆给菜起了表示吉利、幸福、好听的名字,从菜名上根本不能知道是什么菜、什么味道、怎么做的等等。遇到这种情况时,你最好直接告诉服务员你想吃的东西,比如,"我想吃鱼""我想吃蔬菜",然后再告诉服务员你的口味,请服务员帮你选择,当然要注意服务员推荐给你的菜的价钱是不是你可以接受的。

3. 和吃西餐不同,中国人吃饭时是可以把饭碗拿在手里的,并且没有不礼貌、不客气的意思。

⌛ **电影《饮食男女》《食神》**

主题八　爱情

 话题准备

　　对于爱情,有各种各样的比喻,有人说爱情像巧克力,有苦也有甜;有人说爱情像白面包,没有特别的味道,但是品味的时间越长,越觉得有味道;也有人说爱情像鲜花,年轻而美丽。那么在你心中,爱情像什么?为什么?

 词语准备

词／语／解／释

1. 丢失

【说明】

动词。失去、找不到某物。

【例句】

(1) 哪位游客丢失了钱包,请速到广播室领取。

(2) 捡到别人丢失的东西应该归还。

【辨析】 丢失 & 丢

"丢"可以表示动作"扔",也可以表示动作的结果"找不到";"丢失"表示的只是结果"找不到"。"丢"可以在动词后作补语,"丢失"一般不行。"丢失"用于比较正式的语体,如小说、散文中,一般口语中用"丢"就可以了。

【比较】

(1) 今年五月,他刚刚丢失了工作。(☹)
　　今年五月,他刚刚丢了工作。(☺)

(2) 快把垃圾丢失了吧!(☹)
　　快把垃圾丢了吧!(☺)

【你的句子】

2. 纯(chún)

【说明】

形容词。不含杂质的,只含有某种单一的性质、物质。

【例句】

(1) 他穿了一件纯白的T恤。
(2) 很多人不喜欢看纯文学的作品。

【你的句子】

3. 赚(zhuàn)

【说明】

动词。得到的利益多于支出的。

【例句】

(1) 商店刚开张两个月,还没赚钱呢。
(2) 在去年的股市上,他大赚了一笔。

【你的句子】

4. 神圣（shénshèng）
【说明】
形容词。极其庄严的、不容破坏的。

【例句】
(1) 在很多人的心中，爱情是神圣的。
(2) 对藏族人来说，布达拉宫是一个神圣的地方。

【你的句子】

5. 分担
【动词】
动词。负担一部分责任、压力、任务等。常用句式：

> 为（替/帮…）+人+分担+责任（压力/任务……）

【例句】
(1) 我是长子，应该替父母分担一部分生活的压力。
(2) 你有什么心事就告诉我吧，我愿意帮你分担。

【你的句子】

6. 冒
【说明】
动词。不顾危险、恶劣的环境等。常用句式：

> 冒（着）+危险/不好的环境+动词

注意："冒"的后边如果是单音节名词，"着"可用可不用；如果是多音节名词，一般要用"着"。

【例句】
(1) 在火灾中，消防员冒着生命危险救出了大楼中的人。

(3) 交通警察冒（着）雨指挥交通。

【你的句子】

7. 头晕（yūn）目眩（xuàn）

【说明】

动词性。因为生病或受到某种强烈的刺激，产生周围的物体好像在转，眼前看不清楚，几乎要摔倒的感觉。

【例句】
(1) 从过山车上下来，我头晕目眩，脸也白了。
(2) 昨晚喝多了，早上起床时，还觉得头晕目眩。

【你的句子】

8. 信物

【说明】

名词。可以作为凭证的、具有诚信作用的物品。

【例句】
(1) 他送给我的这块手表是我们爱情的信物。
(2) 凭这个信物，我就会一直等着你。

【你的句子】

9. 刹（chà）那

【说明】

名词。来源于佛教用语 ksana，表示在极短的时间内，在句子中作为时间状语出现。常见短语：一刹那、刹那间。常见句式：

> (1) 就在……的一刹那，<u>发生的事情</u>
> (2) 刹那间，<u>发生的事情</u>

【例句】

(1) 就在飞机起飞的一刹那，我流下了眼泪。

(2) 刹那间，全场爆发出热烈的掌声。

【你的句子】

10. 偏（piān）远

【说明】

形容词。某个地方远离中心地区。常在名词前作定语。

【例句】

(1) 我的家在一个偏远的小镇。

(2) 这么偏远的地方，你晚上回家的时候不害怕吗？

【你的句子】

11. 平静

【说明】

形容词。水面、心情、表情等没有晃动或不安的表现。

【例句】

(1) 今天一点儿风都没有，湖面非常平静。

(2) 虽然我的内心很激动，可是表情却依然很平静。

【辨析】 平静 & 安静 & 冷静

"安静"只表示环境或人没有声音；"冷静"表示人的头脑在遇到问题时不乱不慌。如：

(1) 这是一个安静的下午。

(2) 别吵了，你们俩都冷静一点儿吧！

【你的句子】

12. 心如刀绞（jiǎo）

【说明】

形容极度痛苦、悲伤，心里好像有一把刀在扭动。

【例句】

(1) 看到孩子躺在手术台上，父母心如刀绞。
(2) 以前的男朋友结婚了，她感到心如刀绞。

【你的句子】

13. 沉默

【说明】

动词。由于某种原因不说话、不发表看法、不作出回答等。

【例句】

(1) 有的时候，沉默是金。
(2) 听到记者的提问，他稍稍沉默了一下才开始回答。

【你的句子】

14. 罕（hǎn）见

【说明】

形容词。表示非常少见的。

【例句】

(1) 这种鸟非常罕见。
(2) 真罕见啊，你这么早就起床了！

【你的句子】

15. 失踪（zōng）

【说明】

动词。人的去向不明。

【例句】

(1) 失踪的那个孩子终于找到了。

(2) 警察破获了这桩失踪案件。

【你的句子】

16. 卸 (xiè)

【说明】

动词。把东西从某处拿下来。可用于某些抽象事物。

【例句】

(1) 工人们把家具从车上卸下来了。

(2) 再过两年,我就卸任了。

【你的句子】

17. 状况

【说明】

名词。某一抽象事物的情形。

【例句】

(1) 我家的经济状况不太好。

(2) 在信中,他给父母介绍了在中国的生活和学习状况。

【你的句子】

18. 留意

【说明】

动词。对某种情况表示关注、小心。

【例句】

(1) 我想在附近租间房子,你帮我留意一下吧。

(2) 平时他不太留意自己的衣着。

【辨析】 留意 & 注意

有时候用"留意"的句子也可以用"注意",不过,"注意"更侧重于集中意念专心做某事。如:

上课时应该注意听讲。

【你的句子】

19. 埋怨(mányuàn)

【说明】

动词。因为不满意而责怪某人。

【例句】

(1) 小王总是埋怨别人,从来不找自身的问题。
(2) 为了一点儿小事,他和同屋正在互相埋怨呢!

【你的句子】

20. 稳定

【说明】

形容词。数量、关系、位置等的变化幅度不大,不是忽高忽低、忽好忽坏的。

【例句】

(1) 这几年,留学生的人数一直在稳定地增长。
(2) 最近,他的学习成绩不太稳定。

【你的句子】

21. 瞟(piǎo)

【说明】

动词。斜着眼睛看。

【例句】

(1) 看起来弟弟在学习,其实他的眼睛一直瞟着电视呢!

(2) 经理一边说,一边不满地瞟了我一眼。

【你的句子】

22. 情侣(lǚ)

【说明】
名词。恋人、情人。一般用来说明人的关系,而不用来介绍。

【例句】
(1) 傍晚,公园里有很多情侣在散步。
(2) 那对情侣好像吵架了。

【你的句子】

词/语/练/习

一、辨析

1. 丢失 丢
(1) 对不起,我把你的书弄(　　)了。
(2) 有的东西一旦(　　)了,就再也找不到了。

2. 安静 冷静 平静
(1) 电影演完了,我们的心情却久久不能(　　)。
(2) 这是医院,请您保持(　　)。
(3) 不管遇到什么事情,他的头脑都很(　　)。

3. 留意 注意
(1) 你的工作很忙,一定要(　　)身体啊。
(2) 他最近的心情不太好,你多(　　)一点儿。

二、用"词语解释"中的词语改写句子中画线的部分
1. 外边下着大雨,不过男朋友还是出去给我买了吃的。

2. 当老师每个月的收入差不多，也不会有下岗的风险。

3. 她在一个远离城市的村子里当医生。

4. 都三月了，还下这么大的雪，真少见！

5. 我看到他的第一眼，就爱上他了。

6. 这件事又不是我干的，你干嘛说我啊？

7. 我们是夫妻，应该一起做家务。

主题文章

1 永远丢失的银戒指

父亲一直希望我能嫁给一个有钱人，我告诉父亲，虽然阿东既没有房子又没有钱，但是他能给我幸福。

不久，阿东去了深圳，他说，决不会让自己未来的妻子受苦。临走前，他送给我一只戒指，纯银的。"你愿意等一个穷小子吗？"他看着我说，"不赚到钱我决不回来见你。""你一定要回来，"我说，"哪怕你仍然一无所有。"我把戒指戴在左手的无名指上，它是我心里神圣和无价的爱情。

深圳有很多和阿东一样怀着梦想的异乡人。我能想像出阿东受的苦，虽然他在信中说自己过得不错。工作之余，我找了一份兼职。我不能替他分担什么，但可以同他一起努力。

中秋节到了，阿东因为工作太忙没能回来。我给他打了个电话，告诉他我想他。在冒雨回家的路上，过一个十字路口时，我忽然感到头晕目眩，等到发现是红灯时，一辆汽车已经快速撞了上来……银戒指丢了。出院后我去找过很多次，但是没找到。我难过极了，我竟然弄丢了爱情的信物。这一切，我没有告诉阿东。春节他也没回来。我看着满天的烟花，不禁泪流满面。烟花再美，它的存在也只是刹那，难道爱情也像烟花一样？我给阿东寄去一封信，信上只有十四个字：分手吧，我已经没有信心再等下去。

我辞了职，到一个偏远的小镇上工作，开始一种平静的生活。只是，有时我会突然从恶梦中惊醒，心如刀绞。他怎么样了？结婚了吗？在恨我吗？还爱着我吗？回答我的只有夜的沉默。

冬天，小镇下了百年罕见的一场大雪。我的桌上放着一封父母转来的信，是阿东写的。他说他已经买好了房子，新娘却失踪了。有很多女人想嫁给他，可他想娶的永远只有一个。

我在静静的小屋里泪如雨下，我多想告诉他，我是多么地爱他。

我在这个小镇上的民政福利厂工作。

我再也不能戴任何戒指。

因为，在那个中秋节的雨夜，我失去了双手。

(选自《北京青年报》)

2 从付账看

想看清一个女人，要在她卸妆之后；想看清一个男人，则要在跟他分手之后。想知道男人和女人的感情状况，便要看他们付账时的态度。

男人不看账单便付钱时，他正在追求这个女人；当他开始留意账单上的内容，说明他已经把这个女人追到手了；当他开始翻查账单，并埋怨收费太高时，他跟这个女人感情已经十分稳定了；当他只是瞟一瞟账单，然后由女人付账，则这个女人已经成为了他的太太，掌握经济大权。

女人不看账单，只等男人付钱时，她刚刚和这个男人交往；当她开始留意账单上的内容，说明她已经爱上这个男人；当她埋怨男人翻查账单，又批评他太小气时，她并不爱这个男人；当她开始翻查账单，并埋怨价钱太贵时，她已经成

为他太太。

一男一女争着付账，那么他们不可能是情侣。

(选自《北京青年报》)

话题训练

◇ 文章话题训练

一、请你从文章中"阿东"的角度复述一遍这个爱情故事。

二、看了第一篇文章后，你希望男女主人公有什么样的结局？请讲一讲。

三、根据第二篇文章的意思填写下面的表格，然后复述文章的观点。

关系＼对象	男人
追求女人	
追求成功	
感情稳定	
已经结婚	

关系＼对象	女人
交往初期	
爱上男人	
不爱男人	
已经结婚	

四、你能想到别的方法来辨别一对男女的关系吗？

◇ 相关话题训练

一、你觉得恋爱和婚姻有没有关系？说说理由。

二、如果你爱上了一个人,可是她/他并不知道,你会用什么方法让你爱的人感到你的爱呢?

三、下面是恋爱的几种方式,你会选择哪一种?为什么?

1. 从时间长短看

   A. 闪电式　　　　　　　B. 马拉松式

2. 从认识的方式看

   A. 经过别人介绍

   B. 自由恋爱 (a.一见钟情式　b.青梅竹马式　c.日久生情式)

四、下面列出了一些条件,如果你需要一个恋人,你会怎么排序?如果你需要一个伴侣,你又会怎么排序?为什么?

	A. 恋人	B. 伴侣
1. 外貌	(　)	(　)
2. 身材	(　)	(　)
3. 性格	(　)	(　)
4. 爱好	(　)	(　)
5. 家庭	(　)	(　)
6. 工作	(　)	(　)
7. 经济条件	(　)	(　)
8. 品德	(　)	(　)
9. 恋爱经验	(　)	(　)

五、在恋爱中,男人和女人谁更应该主动?为什么?

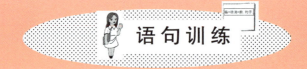

语句训练

【一】 临+动词+前,句子

🔑 原句

临走前,他送给我一只戒指。

解释

用在句子前作时间状语，表示快要做某件事情之前。如：

(1) 临上飞机前，大家都哭了。

(2) 临睡觉前，最好不要吃东西。

表达

(1) 我习惯睡觉前看一会儿小说。

(2) 快要回国了，他给家人和朋友买了很多礼物。

(3) 我刚要去上班，电话响了，原来是妈妈打来的。

【二】 (1) 哪怕+比说话时更不好的某种情况，句子
　　　(2) 句子，哪怕+比说话时更不好的某种情况

原句

"你一定要回来，"我说，"哪怕你仍然一无所有。"

解释

假设出某种极不好的情况，来表示做某事的决心。如：

(1) 哪怕你不爱我了，我也永远爱你。

(2) 我一定要让孩子上学，哪怕我一分钱也没有。

表达

(1) 上一次的考试成绩不好，这次你决心一定要考好。

(2) 你向朋友保证一定会参加他的婚礼。

(3) 你一定要照顾一只被别人扔掉的、很脏的小猫。

【三】 怀着+某种心理/感情等+动词

🔑 **原句**

深圳有很多和阿东一样怀着梦想的异乡人。

📖 **解释**

表示内心有某种感情、想法等去做某事。如：
(1) 很多人怀着自己的理想来到城市打工。
(2) 她怀着深情演唱了这首歌。

💬 **表达**

(1) 他对这次面试充满了希望。

(2) 孩子们对科学展览充满了好奇。

(3) 我给他写了一封信，表达了我的歉意。

【四】 动词（多为双音节）+之余，句子

🔑 **原句**

工作之余，我找了一份兼职。

📖 **解释**

在句子中作状语，表示在做某件事之外的时间。动词多为表示"工作、学习"一类的词语。如：
(1) 上课之余，他还在学校里打工挣点儿生活费。
(2) 学习之余，我参加了一些学生会的活动。

💬 **表达**

(1) 他是一位作家，不写作的时候，常常和朋友们聊天儿。

(2) 妈妈去国外演出时，利用休息的时间给孩子买了礼物。

(3) 老师除了教学以外，还要不断学习，补充知识。

【五】 A……，B 则……

🔍 原句

想看清一个女人，要在她卸妆之后；想看清一个男人，则要在跟他分手之后。

📖 解释

表示两种不同情况的对举。比较正式。如：
(1) 父亲擅长国画，母亲则擅长油画。
(2) 小狗比较聪明，小猫则比较温柔，它们都是我的好朋友。

✊ 表达

(1) 大家兴高采烈——他愁眉苦脸

(2) 坐公共汽车会堵车——坐地铁很方便

(3) 他身材高大——她性格内向

【六】 一+名词/形容词₁+一+名词/形容词₂（两个名词/形容词是反义词）

🔍 原句

一男一女争着付账。

📖 解释

表示两种截然相反的情况。如：
(1) 他们俩一左一右，扶着老人过马路。
(2) 我买了一大一小两件衬衫，一件给爸爸，一件给弟弟。

✊ 表达

(1) 妈妈在前边走，孩子在后边跟着。

(2) 我家里养了两只猫，一只白色的，一只黑色的。

(3) 你刚吃完冰淇淋，又要喝热茶，这样会拉肚子的。

实战训练

一、调查

中国古代有很多感人的爱情故事，请你问问身边的中国人，故事的大意是什么，在全班说说你的调查结果。

二、下面是一张"爱情发展流程图"

1. 描述一下这张图的意思。

2. 你同意这张图表达的意思吗？如果同意请说明原因；如果不同意，请你画一张流程图，并向大家作一说明。

爱情发展流程图

朋友 → 常在一起 → 喜欢
暗恋 → 挣扎 → 时间久 → 痛苦 → 结束
表白 → 失败
苦撑
放弃 → 避不见面 → 痛苦
成功 → 恋爱 → 争吵 → 分手
结束
平静 → 日久无趣 → 移情别恋 → 痛苦
结婚 —— 更大的痛苦 —— 无法结束

三、表演

表演一：

一对恋人约好了看电影的时间，可是男的迟到了，女的很生气，男的解释迟到的原因，并想办法让女朋友高兴；女的开始很生气，但是最后还是接受了男朋友的道歉。

表演二：

男朋友第一次去女朋友的家拜见她的父母，请四个人一组，设计一段对话。

四、主题演讲

1. 一个爱情故事
2. 我理想中的爱情

相关链接

新词语：新好男人

你知道什么是"新好男人"吗？看吧！他要有：

无影腿——女人爱逛街，因此丈夫应该有一双妻子走到哪儿，就能跟到哪儿的腿。

八卦掌——做饭、洗碗、洗衣服、拖地板、扫厕所、捶背、敲腿、按摩。

顺风耳——女人说的每一句话都是男人的真理，因此在女人面前一定要"听话"。

千里眼——像孙悟空一样善于察言观色，就能随时知道女人在想什么。

甜蜜嘴——嘴除了吃饭之外，还得常常把"我爱你"之类放在嘴边。

浪漫心——用你的心创造出浪漫的时间、氛围，才能让女人感到你的爱。

豹子胆——处处显出男子汉的勇气和胆略，就能得到女人的爱。

⏳ **你知道下面画线词语的意思吗？**

1. 爱一个人就要<u>爱屋及乌</u>，不仅爱他的优点，而且也爱他的缺点。

2. 你对我说过的<u>甜言蜜语</u>、<u>山盟海誓</u>都是假的！

3. A：你跟我们一起去看电影吧！
   B：我才不去当<u>电灯泡</u>呢！

4. 女朋友和他<u>吹</u>了以后，他的心情一直不好。

5. 爱情并不每天都是<u>花前月下</u>。

6. 你们结婚的时候，可别忘了我这个"<u>红娘</u>"啊！

⏳ **电影《爱情麻辣烫》《不见不散》**

主题九　美

 话题准备

请描述一下你心目中最美的女人和最帅的男人。

 词语准备

词/语/解/释

1. 智慧（zhìhuì）

【说明】

名词。人类运用思维辨别、判断、创造等综合的、抽象的能力。

【例句】

(1) 对一个女人来说，智慧和美貌哪个重要呢？
(2) 这项成果是全体科研人员智慧的结晶。

【你的句子】

2. 崇尚（chóngshàng）

【说明】

动词。因崇拜而追随某种潮流。

【例句】

(1) 我虽然是女孩子，但是不喜欢打扮，因为我崇尚自然美。
(2) 在这个崇尚科学的时代，人们需要不断地学习。

【辨析】 崇尚 & 崇拜

"崇尚"的对象是某种潮流、风气；"崇拜"的对象是某个人。如：我弟弟是篮球迷，他最崇拜的人是迈克尔·乔丹。

【你的句子】

3. 费尽心机

【说明】

动词性。为了做某事动了很多脑筋，花了很多心思。有时略有贬义。如果有"了"，要放在"费尽"和"心机"的中间。

【例句】

(1) 父亲费尽心机，终于给儿子找了个好工作。
(2) 为了在竞争中胜出，我们费尽了心机。

【你的句子】

4. 惹（rě）

【说明】

动词。通过某种行为让别人产生了某种行为、心理或感觉。常用于口语中。常用句式：

(1) 惹+人+……
(2) 把+人+惹+……

【例句】

(1) 你怎么又惹妈妈生气了？快去道歉！

(2) 哥哥把妹妹惹哭了。

【你的句子】

5. 拥有

【说明】

动词。有属于自己的东西，多为抽象事物，如生活、心情、感情、态度等。

【例句】

(1) 拥有大家支持的人才能在选举中获胜。
(2) 只要拥有你，我就拥有了幸福。

【辨析】 拥有 & 具有

"拥有"指有属于自己的生活、感情等；"具有"指有某种特性、能力等。如：

这个手机具有拍照的功能。

【你的句子】

6. 重新

【说明】

副词。用于动词前，表示从开始的部分再做一遍。

【例句】

(1) 老师，请您重新说一遍这个词的意思。
(2) 我重新听了一下，才听明白磁带中的内容。

【辨析】 重新 & 重复

"重新"是副词，后边一定要有动词出现；"重复"是动词，可表示做某事多次，后边可以直接加动量词，也可以加动词。

【比较】

老师又重复了一遍刚才说的要求。（☺）

老师又重新了一遍刚才说的要求。（☹）

【你的句子】

7. 带动

   【说明】

   动词或名词。用自己的行为使人们去做某事。常用句式：

   > (1) 带动+人+动词
   > (2) 在+人+的带动下，……

   【例句】
   (1) 老王带动小区里的几位老人报名参加了运动会。
   (2) 在老王的带动下，小区里的几位老人也报名参加了运动会。

   【你的句子】

8. 牵(qiān)动

   【说明】

   动词。因为某一部分的变化而使别的部分跟着一起变化。

   【例句】
   (1) 她的病情牵动了公司里每个人的心。
   (2) 歌手在舞台上边走边唱，牵动着所有观众的目光。

   【你的句子】

9. 挪(nuó)

   【说明】

   动词。把某物从一处转到另一处。后边常接补语"到""动""开"等。常用句式：

   > 把+某物+挪到+地方

【例句】

(1) 把沙发挪到电视的对面比较好。

(2) 把桌子上的书挪开,好让我放别的东西。

【你的句子】

10. 照耀(yào)

【说明】

动词。某种较强光线的照射。多用于文学作品中。

【例句】

(1) 阳光照耀着大地。

(2) 在灯光的照耀下,她显得格外美丽。

【你的句子】

11. 活力

【说明】

名词。很强的、有动感的生命力。

【例句】

(1) 年轻人总是充满了活力。

(2) 别看他已经四十多了,可是还是那么有活力。

【你的句子】

12. 颠倒(diāndǎo)

【说明】

动词。使位置、顺序相反。

【例句】

(1) 你们俩坐颠倒了,应该你坐在1号,他坐在3号。

(2) 他是一个颠倒是非的人。

【你的句子】

13. 高贵
【说明】
形容词。形容出身、身份、地位等很高。

【例句】
(1) 她穿着一身长裙，显得那么高贵。
(2) 灰姑娘终于和高贵的王子结了婚，幸福地生活在一起。

【你的句子】

14. 轻盈（yíng）
【说明】
形容词。形容姿态轻巧优美。

【例句】
(1) 芭蕾舞演员们的舞姿非常轻盈。
(2) 她一边听着音乐，一边轻盈地跳着，看上去心情不错。

【你的句子】

15. 举止
【说明】
名词。一个人行为的姿态和风度。

【例句】
(1) 不管在什么场合，他的举止都很得体。
(2) 她大方的举止吸引了很多男人的目光。

【你的句子】

16. 不惜

【说明】

副词。为了达到目的，愿意付出极大的代价，如金钱、时间、精力等。"不惜"后边可以是名词，也可以是动词，但是都有表示极大代价的意思。

【例句】

(1) 大夫，您要不惜一切，把他抢救过来啊！
(2) 公司不惜花费重金招聘人才。

【你的句子】

17. 自愿

【说明】

形容词。表示自己愿意做某事，而不是在别人的要求下去做的，并且所做的事情对行为人来说不是必须的、不容易做等。

【例句】

(1) 捐款是自愿的，也就是说捐不捐、捐多少都是自己决定的。
(2) 他是自愿参加这次活动的，虽然吃了很多苦，但是非常高兴。

【辨析】 自愿 & 主动

"主动"也指不需要别人的要求而自己采取某一行为，但是做的事情一般是行为人应该做的。如：

每天她都主动帮助妈妈干家务活儿。
在谈恋爱时，男孩子应该主动点儿。

【你的句子】

18. 蔑(miè)视

【说明】

动词。轻视某人或某种权力。

【例句】
(1) 你犯了错误可是不敢承认，所以我蔑视你！
(2) 在中世纪，只有少数科学家敢于蔑视权威，向权威挑战。

【辨析】 蔑视 & 轻视
"蔑视"的对象一般是人或和人有关，"轻视"的对象可以是人，也可以是抽象的事物；"蔑视"没有贬义，而"轻视"则带有贬义。

【比较】
不要蔑视困难。（☹）
不要轻视困难。（☺）

【你的句子】

19. 摆脱
【说明】
动词。离开某种不好的事物，如不喜欢的人、不好的心情等。

【例句】
(1) 他已经长大了，可是始终摆脱不了对父母的依赖。
(2) 随着时间的流逝，她逐渐摆脱了失去亲人的痛苦。

【你的句子】

20. 支撑（chēng）
【说明】
动词。用东西支着使物体不倒，用于抽象事物，有维持的意思。

【例句】
(1) 他用拐杖支撑着全身才能行走。
(2) 全家人的生活都靠父亲一个人支撑。

【辨析】 支撑 & 支持
"支撑"的对象多为具体的事物，如房屋、建筑、身体等；而"支持"

的对象是人的想法、意见等。

【比较】

(1) 只有三条腿支持着这张桌子。(☹)
    只有三条腿支撑着这张桌子。(☺)

(2) 父母支撑我来中国留学。(☹)
    父母支持我来中国留学。(☺)

【你的句子】

词/语/练/习

一、辨析

1. 崇尚 崇拜

(1) 这个歌星是很多青年人（　　）的对象。

(2) 这是一个（　　）自由民主的国家。

2. 拥有 具有

(1) 每个人都希望（　　）一个幸福美满的家庭。

(2) 这种手机（　　）多种功能。

3. 重新 重复

(1) 电脑死机了，只好（　　）启动试试了。

(2) 把你刚才说的再（　　）一遍！

4. 自愿 主动

(1) 他（　　）向老师承认了错误。

(2) 由于这次活动是自费的，所以大家可以（　　）参加。

5. 蔑视 轻视

(1) 如果在比赛中（　　）对手，往往就会失败。

(2) 对敌人,我们要抱着（　　）但不（　　）的态度。

6. 支撑 🔗 支持

(1) 看到我们进来,他用双手（　　）着身体坐起来。

(2) 在同学们的（　　）下,他被选为学生会主席。

二、用"词语解释"中的词语改写句子中画线的部分

1. 有的人为了达到自己的目的,<u>即使伤害了朋友的感情也觉得没关系</u>。

2. 人们看到<u>老张报名参加长跑后,也纷纷报了名</u>。

3. 你们的顺序<u>错了</u>,应该你是一号,他是二号。

4. 他的研究成果<u>引起了全世界的关注</u>。

5. 你要<u>忘掉</u>所有的烦恼,开始自己新的生活。

6. 听了他的话,大家都<u>笑得流出了眼泪</u>。

我要智慧干什么?

我真傻,我是一个女人,我要智慧干什么?在这个崇尚"女子无才便是德[①]"的男权世界里,我费尽心机,不仅最终还是斗不过他们,而且还惹他们嫉妒和讨厌。虽然我得到了一些别的女人没有的东西,但我无法得到

---

① 女子无才便是德:传统礼教认为女人没有知识文化就是最大的美德,因为这样可以安心在家伺候丈夫。

男人的爱，只因为我没有美丽。因此我终于明白了，对于女人，只有美丽才是最重要的，因为男人最需要的是美丽，只要拥有了美丽，我就有可能得到我最需要的男人之爱，而且还可能得到我想要的一切。感谢上帝，他重新给了我一次机会，这次我选择了美丽。

我成了一个美丽的女人！从很小的时候开始，一直到耄耋之年①，我始终是一个美丽的女人，无论我走到哪里，都像太阳经过太空带动所有的行星②一样，所有的男人都围着我转；就像太阳经过天空牵动所有的向日葵③一样，所有的男人一见到我就再也无法挪开他们的眼睛；就像太阳照耀大地使万物生长一样，我给男人的世界带来了无限生机和活力。因为我的美丽，我成了男人世界的太阳，我的光彩照亮着他们的生活，没有我，他们那里一片黑暗。我擦亮了所有男人的眼睛，我的一个微笑可以让所有的男人神魂颠倒。我养活了大批诗人、歌手、画家及各种各样的艺术家，我的美丽给他们带来了眼泪、激情和财富。我的明眸皓齿、冰肌玉骨，我的高贵的气质、轻盈的举止，我的名字，我的头发，我的一切，都被他们疯狂地歌唱。

实际上，我的美丽引起了很多次战争，我完美的鼻子甚至改变了历史，有个成语叫"Cleopatra's Nose"，就是说我怎样像埃及女王 Cleopatra 用美丽的鼻子改变罗马帝国的历史那样，改变和创造了世界。有人说一些国家因我而灭亡，实际上是许多国王和总统为了我而放弃了自己的责任，以至于不惜牺牲国土和人民。我的美丽使无数聪明的男人自愿跪倒在我的石榴裙下硬是不肯起来，无论我怎么蔑视他们，他们就是要给我送来豪宅、汽车、钻石等无穷无尽的财富，我几乎无法摆脱他们。不过我知道，对于女人来说，美丽也是生产力，而且是第一生产力。一个新的经济学科"美丽经济学"正在因我的美丽而诞生。

说了这么多，其实，我只想过普通人的生活。尽管我长得仪态万方、千娇百媚，但我的美丽并不取决于我的外表，因为女人的美丽需要善良、真诚来支撑，因此心灵美也是我的美丽的一个部分，我的灵魂也是照亮我生活的太阳。也许我没有别的女人所拥有的财富，但是，我相信自己能得

---

① 耄耋（màodié）之年：八九十岁的年纪，泛指老年。
② 行星：planet。围绕太阳运行、本身不能发光的天体，如水星、火星、地球等。
③ 向日葵：sunflower。

到爱和关怀，拥有别人无法拥有的幸福。

我是一个美丽的女人，我拥有美丽，夫复何求？

（选自 http://sina.com.cn）

话题训练

◇ **文章话题训练**

一、根据文章的意思，什么是"美丽经济学"？

二、文章中的"我"是一个什么样的女人？

◇ **相关话题训练**

一、在你们国家，说"一个人很美"时的标准是什么？

二、在你们国家，美的标准是否发生过变化？请介绍一下。

三、长得漂亮的女人会比别人有什么优势吗？请举例说明。

四、在下面几个选项中，如果你只能选择一个，你会选择哪一个？为什么？

  1. 美貌

  2. 智慧

  3. 权力

  4. 健康

  5. 财富

五、你觉得一个人什么时候最美？为什么？

六、在女人心目中男人最重要的是什么？在男人心目中女人最重要的是什么？

语句训练

句/式/训/练

【一】 (1) 动词性词语+干什么
　　　　(2) 干什么+动词性词语

原句

我要智慧干什么?

解释

用于口语中。相当于"为什么",但"为什么"用于询问原因,而这一句式则常用于反问,表示惊讶、责备的语气。如:

(1) 这么高兴的事情,你干什么哭啊? (不应该哭,表示惊讶)
(2) 你拿我的书干什么? (不应该拿我的书,表示责备)

表达

(1) 天气很好,可是你看到你的同屋要带上雨伞出去。

(2) 今天是周末,可是你看到妈妈很早就起床了。

(3) 你没做错什么事情,可是爸爸错怪了你,而且还打了你。

【二】 虽然/尽管……,但/可(转折)……,因为……

原句

虽然我得到了一些别的女人没有的东西,但我无法得到男人的爱,只

177

因为我没有美丽。

📖 **解释**

第一小句和第二小句之间是转折关系，而与第三小句之间是结果和原因的关系。如：
(1) 虽然父母反对，但是我坚持自己的意见，因为出国留学是我的梦想。
(2) 尽管比较贵，可他还是买了，因为这件衣服是女朋友喜欢的。

✊ **表达**

(1) 打工很辛苦——坚持下去——赚钱上大学

(2) 美国人——汉语很棒——妈妈是台湾人

(3) 留学生活很紧张——喜欢——锻炼人的独立生活能力

【三】只要……，就……，而且……

🔑 **原句**

只要拥有了美丽，我就有可能得到我最需要的男人之爱，而且还可能得到我想要的一切。

📖 **解释**

第一小句和第二小句、第三小句之间是条件—结果的关系，第二小句和第三小句之间则是递进关系。如：
(1) 只要这次你能考第一，我就给你买手机，而且买现在最时髦的。
(2) 只要我的父母同意了，我就和你结婚，而且下个月就结。

✊ **表达**

(1) 买了新房子——请客——把所有的好朋友都请来

(2) 朋友们让他唱歌——唱——边唱边跳

(3) 看到乞丐——给钱——给得很多

【四】 A，以至于 B

🔑 **原句**

实际上是许多国王和总统为了我而放弃了自己的责任，以至于不惜牺牲国土和人民。

📖 **解释**

表示某种情况 A 达到了很高的程度 B。如：
(1) 她特别爱看韩国电视剧，以至于可以一夜不睡。
(2) 最近工作太忙了，以至于周末都不能回家。

💬 **表达**

(1) 玛丽的汉语非常好。

(2) 我是个足球迷。

(3) 他喝醉了。

【五】 硬是+动词性词语

🔑 **原句**

我的美丽使无数聪明的男人自愿跪倒在我的石榴裙下硬是不肯起来。

📖 **解释**

不管别人的反对或其它不利的条件，都坚持自己的想法、做法不变，表示一个人做事的态度很坚决。如：
(1) 家里已经有很多玩具娃娃了，可是妹妹还硬是要买一个。
(2) 我白说了半天，他硬是不听。

表达

(1) 他真不容易，身体这么不好，还打完了比赛。

(2) 她最爱吃巧克力，可是为了减肥，她一口都不吃了。

(3) 他们已经打算结婚了，可是父母就是不同意。

【六】 A 取决于 B

原句

但我的美丽并不取决于我的外表。

解释

B 是 A 的决定性因素。如：
(1) 顾客的满意程度取决于商品的质量。
(2) 教学效果取决于师生双方。

表达

(1) 如果天气好，运动会就能按期举行。

(2) 只要时间合适，这个菜就会很好吃。

(3) 只要董事们都同意，这个方案就能通过。

词/语/训/练

请找出文章中描绘女人美丽的词语，说说你知道的其它用于描绘美丽的词语。

实战训练

句/式/训/练

一、调查

请在你认识的人中做一个调查,问题是"你认为什么是美",然后在班上作一个主题发言。

二、实况模拟

模拟一:

两个人一组(最好一男一女),假设其中一人为刚当选的世界小姐或者世界先生,另一人为主持人,主持人问,请世界小姐或先生回答几个问题。

模拟二:

请以第一人称的口气在班内作一个主题演讲,演讲的题目是《假如我很美》或者《假如我很丑》。

模拟三:

下面讲的是真人真事。请阅读后,就此话题进行讨论。

杨媛,自由模特。18周岁。身高1米78。2002年毕业于河南镇平县雪枫中学。14岁她长到1米74,开始涉足模特业。但是在竞争激烈的T形台上,她一直没有吸引太多的目光。

今年2月,在得知"环球洲际小姐"大赛将要举办的消息后,杨媛做出了一个异乎寻常的举动:在一家医院对脸部进行医学整形手术,手术包括隆鼻、嘴唇整形、做双眼皮等11项,总花费超过11万元。整容前和整容后的杨媛已判若两人。为整容杨媛承受了很大的痛苦和风险,还有经济负担。她当然希望这些付出能给自己默默无闻的模特生涯带来某些改变。

今年4月,杨媛报名参加"2004环球洲际小姐"北京赛区的比赛,并顺利通过初赛和复赛,进入决赛阶段。

5月21号,在距离决赛还有9天的时候,杨媛突然接到大赛组委会的一纸通知:因为她是"人造美女",所以被取消继续参赛的资格。

三、分组辩论

某大学举办了女大学生的选美比赛,这件事引起了很多人的议论,主要分成两派,一些人认为美是每个人的权利,因此支持选美活动;而另一些人认为学生应该以学习为主,因此不支持。请同学们分成正方和反方两组,一方支持女大学生选美,一方反对,进行辩论。

相关链接

- **和外貌有关的词语**
  1. 身材:高挑、瘦长、矮胖、粗壮
  2. 脸型:瓜子脸、鹅蛋脸、圆脸、国字脸(方脸)、马脸(长脸)
  3. 眼睛:双眼皮、单眼皮、丹凤眼

- **关于女人美貌的词语**
  1. 沉鱼落雁、闭月羞花——形容女人的美貌让鱼、雁、月亮和花朵都感到自己不漂亮,因此鱼沉到水下,大雁落到地面,月亮钻到了云的后边,花朵低下了头。
  2. 肤若凝脂——皮肤很白。
  3. 樱桃小口——红色的小嘴。
  4. 水蛇腰——很细的腰。

⌛ **中国历史故事**

　　古代有一个君王,新娶了一个妃子。这个妃子非常美丽,不过有一个毛病,就是不爱笑。君王想尽了办法逗妃子,可是都没有成功。这时一个大臣给君王出了一个主意。一天,君王带着妃子来到了长城,并命令点燃烽火台上的狼烟。在古代,点燃狼烟就表示有外族入侵,是向本国军队报警的信号。所以当军队看到狼烟时,都急速赶到了长城。当然,他们到了以后发现并没有战争,这不过是君王为了博得妃子的一笑而作的一个骗局。君王的妃子终于笑了,可是没过多久,这个国家就灭亡了。

⌛ **歌曲《我很丑,但是我很温柔》歌词**

　　每一个晚上,在梦的旷野,我是骄傲的巨人。每一个早晨,在浴室的镜子前,却发现自己活在剃刀边缘。在钢筋水泥的丛林里,在呼来唤去的生涯里,计算着梦想和现实之间的差距。我很丑,可是我很温柔,外表冷漠,内心狂热,那就是我。我很丑,可是我有音乐和啤酒,一点卑微一点懦弱,可是从不退缩。

　　在都市的边缘,我是孤独的假面,在音乐的旷野,却变成狂热嘶吼的巨人。在一望无际的舞台上,在不被了解的另一面,发射出生活和自我的尊严。白天黯淡,夜晚不朽,有时激昂,有时低首,非常善于等候。

⌛ **电影《漂亮妈妈》**

主题十 节 日

话题准备

看下边的图片，说出节日的名字：

词语准备

词／语／解／释

1. 接受

【说明】

动词。同意他人的意见、建议，收下他人的礼品等。

【例句】

(1) 我接受你的批评。

(2) 如果贵方不能接受我们的价格，那么我们的合作就不能继续了。

【你的句子】

2. 格外

【说明】

副词。表示程度很高。常用句式：

格外+双音节形容词/心理动词

【例句】

(1) 雨后的天空格外晴朗。

(2) 看起来你今天好像格外高兴。

【你的句子】

3. 减轻

【说明】

动词。降低程度，后面多为"压力、负担、痛苦"等抽象的、贬义的双音节名词。

【例句】

(1) 无论做什么都不能减轻我心中的痛苦。

(2) 奖学金可以减轻贫困学生家庭的负担。

【辨析】 减轻 & 减少 & 减弱

"减少"指数量上变少。"减弱"指降低某种"力"的程度。

【比较】

(1) 你看书时离书太近，时间长了的话，视力会减轻的。（☹）

　　你看书时离书太近，时间长了的话，视力会减弱的。（☺）

(2) 这个学期学生的人数减轻了。（☹）

　　这个学期学生的人数减少了。（☺）

【你的句子】

4. 调 (tiáo) 节

【说明】

动词。逐渐改变到适当的数量、使人舒服的程度。

【例句】

(1) 这个台灯的亮度是可以调节的。

(2) 我们听听音乐，调节一下紧张的气氛吧。

【辨析】 调节 & 调整

"调整"的对象多是结构、安排等。如：

这篇文章的前后顺序要再调整一下。

【你的句子】

5. 气喘 (chuǎn) 吁 (xū) 吁

【说明】

动词性。因为很累，表现出喘气很粗、很急的样子。

【例句】

(1) 我刚运动完,所以气喘吁吁的。

(2) 大家正在上课,李华气喘吁吁地跑进了教室。

【你的句子】

6. 核(hé)对

【说明】

动词。对相关的几种事物进行比较,检查是否相同。

【例句】

(1) 我核对了这两个本子上的笔迹,都出自一人之手。

(2) 出发前,导游根据名单核对了车上的人数。

【你的句子】

7. 忐(tǎn)忑(tè)不安

【说明】

形容词性。心里很不放心、很担心。

【例句】

(1) 在等着考试结果的那些天,我心里一直忐忑不安。

(2) 手术室外,家人忐忑不安地等待着病人的消息。

【你的句子】

8. 幸灾(zāi)乐祸(huò)

【说明】

动词性。对别人遇到的不幸没有同情心,相反还很高兴。

【例句】

(1) 听到这个消息,大家都很着急,只有他在旁边幸灾乐祸。

(2) 别人有困难时，你却幸灾乐祸，难道你没有同情心吗？

【你的句子】

9. 奔 (bèn)

【说明】
动词。向某个目标去。

【例句】
(1) 他们都是奔六十的人了。
(2) 我没吃早饭，所以一下课，就直奔食堂了。

【你的句子】

10. 紧急

【说明】
形容词。非常重要的、需要尽快解决的。

【例句】
(1) 在紧急关头，他勇敢地冲了上去，救出了孩子。
(2) 情况紧急，你们快作决定吧！

【你的句子】

11. 求援 (yuán)

【说明】
动词。请求帮助。一般用于重大的、严重的事件。

【例句】
(1) 发生地震的灾区向中央政府紧急求援。
(2) 接到失事船只的求援后，大家马上出发了。

【你的句子】

12. 一连

【说明】

　　副词。表示动作的连续性，并且数量大。后面要出现数量词。常用句式：

> （1）一连+动词+数量词语+名词
> （2）一连+数量词语+名词+动词

【例句】

（1）他一连喝了三瓶啤酒也没醉。

（2）最近的工作让小华一连四天不能回家。

【你的句子】

13. 遭（zāo）到

【说明】

　　动词。受到别人的批评、反对等不好的态度。

【例句】

（1）他的话遭到了大家的反对。

（2）只要你坚信自己的选择是正确的，就不要怕遭到别人的白眼。

【辨析】　遭到 & 受到 & 遇到

　　"受到"后边可以是不好的态度，也可以是好的态度，还可以是"态度"以外其他的词，如"影响""教育"等。"遇到"后边不是人的态度，而是某件事或某个人。

【比较】

（1）我在图书馆遭到了我的小学同学。（☹）

　　　我在图书馆遇到了我的小学同学。（☺）

（2）他遭到了老师的夸奖。（☹）

　　　他受到了老师的夸奖。（☺）

【你的句子】

14. 一致 (zhì)

【说明】

形容词。人的看法、观点等相同。

【例句】

(1) 在这个问题上，我和你的看法不一致。
(2) 经过谈判，两家公司终于达成了一致的意见。

【你的句子】

15. 大汗淋漓 (línlí)

【说明】

出了很多汗的样子。

【例句】

(1) 做完一个小时的健身操，大家都已经大汗淋漓了。
(2) 你刚才干什么去了，怎么大汗淋漓的？

【你的句子】

16. 疑惑 (yíhuò)

【说明】

形容词。对某事感到不明白。

【例句】

(1) 他疑惑地看着我，好像没听懂我的话。
(2) 孩子们的眼睛里充满了疑惑和好奇。

【你的句子】

17. 晃 (huàng)

【说明】

动词。来回摆动。常用重叠式"晃（一）晃、晃（了）晃"，或者在后边加上表示动量的"一下、几下"等。

【例句】

(1) 小树在风中晃来晃去。

(2) 她拿着电影票晃了一下，高兴地说："走吧，去看电影。"

【你的句子】

18. 当 (dàng)

【说明】

动词。以为。常用句式：

> 当+想法，原来/实际上/其实/没想到+真实情况
> （想法和真实情况相反）

【例句】

(1) 我当你回家了呢，原来你没走啊！

(2) 大家都当她三十多岁，没想到她已经四十多了。

【你的句子】

19. 装作

【说明】

动词。一个人故意作出某种行为，使表面上看到的样子和实际情况不同。

【例句】

(1) 他装作不认识我，就走过去了。

(2) 她装作睡着了，可是一直在听我们聊天。

【你的句子】

20. 面对

【说明】

动词。在……面前。

【例句】

(1) 面对困难，没有一个人退缩。

(2) 父母为我付出了很多，如果我考不上大学，怎么面对他们呢？

【你的句子】

21. 善(shàn)意

【说明】

名词。善良的、为别人好的心意。反义词是"恶意"。

【例句】

(1) 老人的眼睛里充满了善意。

(2) 你要接受别人善意的批评。

【你的句子】

22. 紧张兮兮

【说明】

很紧张的样子。在某些形容人的精神状态的贬义形容词后加"兮兮"，表示表现出来的样子，如"可怜兮兮、紧张兮兮、神经兮兮、傻兮兮"等。

【例句】

(1) 看那个人一副傻兮兮的样子，一点儿也不帅。

(2) 每当她没钱花的时候，就可怜兮兮地去找朋友借钱。

【辨析】 紧张 & 紧张兮兮

"紧张"侧重人的心理状态，并且没有贬义，前面可出现程度副词。"紧张兮兮"侧重人表现出来的样子和给别人的感觉，多带贬义，并且前面不能出现程度副词。

【比较】

快考试了，大家都比较紧张兮兮。（☹）

快考试了，大家都比较紧张。（☺）

【你的句子】

23. 新颖（yǐng）

【说明】

形容词。样子、想法等与众不同。

【例句】

(1) 最近有一些样式新颖的服装上市。
(2) 设计者新颖独特的构思吸引了各位专家。

【辨析】 新颖 & 新鲜

"新颖"多指样式和思维方式和别人的不一样，有自己的特点；"新鲜"的对象则指食品、空气等。

【比较】

这盒牛奶不新颖了，别喝了。 ()
这盒牛奶不新鲜了，别喝了。 ()

【你的句子】

24. 创意

【说明】

名词。在创作、设计、计划等方面与众不同的想法、主意。

【例句】

(1) 这个广告很有创意。
(2) 现在我们公司需要的是与众不同的创意。

【你的句子】

25. 产生

【说明】

动词。出现以前没有过的情况、感情、变化等，后边常是抽象名词。

【例句】
(1) 相处久了，邻居们渐渐产生了感情。
(2) 有话不说很容易产生误会。

【你的句子】

词／语／练／习

一、辨析
   1. 减轻　减少　减弱
   (1) 由于受天气的影响，最近去爬山的人（　　）了很多。
   (2) 为了（　　）病人的痛苦，医生给他打了一针麻药。
   (3) 随着冷空气的（　　），下周北方地区将逐渐升温。

   2. 调节　调整
   (1) 因为老师出差，我们的上课时间进行了（　　）。
   (2) 绿色植物可以（　　）大气的湿度和温度。

   3. 遭到　受到　遇到
   (1) 科学家在研究中（　　）了很多困难。
   (2) （　　）父母的影响，他从小就喜欢绘画。
   (3) 服务员的态度（　　）了顾客的批评。

   4. 新颖　新鲜
   (1) 雨后的空气格外（　　）。
   (2) （　　）的节目吸引了很多电视观众。

二、用"词语解释"中的词语改写句子中画线的部分
   1. 他说的话和做的事常常有矛盾。

   2. 明天要和未来的公婆见面了，我有点儿担心，不知道他们会不会喜欢我。

3. 看起来他饿坏了，吃了三碗饭才停下来。

4. 张经理，我已经看了定货单上的数量和已经到达的货物的数量，没问题。

三、用指定的词语完成对话
1. 当
   A：你怎么没等我一个人先走了？
   B：

2. 面对
   A：安琪，下课时你说的汉语不错啊，为什么上课时不愿意多说呢？
   B：

 主题文章

愚人节

愚人节作为一个从西方来的节日，也像情人节、圣诞节一样被一些中国人接受，特别是在年轻人中。他们在这一天会格外小心以免受骗，当然也会互相开玩笑，搞一些恶作剧①，对他们来说，这也是一种减轻压力、调节生活的方式。

我是愚人？

张佳　男　17岁　中学生

一年前的4月1号，我的好朋友李明对我说："今天是愚人节，咱俩

---
① 恶作剧：戏弄别人，让别人感到尴尬的行为。

一起骗骗人吧。"我还从来没有骗过别人，也就没多想什么。于是由李明口述，我笔录，给班里一位学习不错、长得也挺漂亮的女生写了一封情书。没想到午休时，李明忽然气喘吁吁地跑来对我说："这下完了！我悄悄把信放到她的课桌里，想不到她看了信之后就直接拿到班主任的办公室了！老师正在核对笔迹，你写信用的是你爸单位的公文纸①吧？老师肯定知道是你写的了！"我听了，吓得出了一身冷汗，可是不知道为什么，直到放学老师也没找我，这让我更忐忑不安了，决定第二天向老师解释清楚。晚上12点，李明打来电话，幸灾乐祸地对我说："愚人节快乐！"

王凌　女　28岁　职员

那天我中午吃了点儿火锅，下午上班时，肚子感到一阵不舒服，就直奔厕所，五分钟之后，才发现竟忘了拿手纸！糟糕，今天是4月1号，没人相信我的话怎么办？但我还是掏出手机，硬着头皮向我的同事们紧急求援。果然不出所料，一连打了几个电话，都遭到一致的拒绝："今天是愚人节，我不相信你！"我只好在厕所里等着，最后还是一位打扫厕所的清洁工帮了我的忙。回到办公室，同事们哈哈大笑，直叫我"傻瓜"，原来她们早就发现我忘带手纸了，就等着我给她们打电话，让我出出洋相呢。该死的愚人节！

他是愚人？

杨女士　35岁　美容师

本来我不太注意这些"洋"节日，但老公总说担心愚人节被骗，于是我就有了一种恶作剧的欲望。愚人节那天我和老公一起去买东西，可就在快走到车站时，我打开手提包，大叫一声："糟了，我忘了带钱包了。"老公一摸自己身上也没带钱，就说："你这个糊涂虫，每次都这样！在这儿等着，我回家拿去！"10多分钟后，老公大汗淋漓地跑回来，很疑惑地对我说："把抽屉都翻遍了，也没看见钱包呀，是不是刚才在路上被人偷

---

① 公文纸：单位的办公用纸，上面有单位的名字。

了?"他竟然还没想到自己被骗了!我只得把钱包拿出来在老公面前晃了晃说:"别生气,就当运动啦。"不过,通过这件事,我觉得老公不是笨,只是他太认真、太在意我了。

刘强　男　22岁　大学生

去年愚人节,我在校园里看见一位大一①男生,就装作不认路:"对不起,请问到3号宿舍楼怎么走?"他很耐心地为我指路。我又说:"对不起,我第一次到这个学校,路不熟,你可不可以带我去?"这位男生实在善良极了,把我带到了3号楼下。这时我又提出了要求:"真是不好意思,我从没来过这里,麻烦你带我到320寝室好吗?"那位男生犹豫了一下,还是同意了。到了320寝室,男生正要离开,我非常认真地对他说:"真谢谢你了。这是我们的寝室,你要不要进来坐坐?"这是我从网上学来的,屡试不爽②。

愚人节的感觉?

孙月　女　26岁　研究生

我们学生的生活单调而枯燥,每天宿舍、食堂、教室三点一线,还要面对考试、过级、就业的压力,需要找一些方式来放松自己。愚人节这天和同学、朋友开开善意的玩笑,骗人者得逞③后得意洋洋,被骗者恍然大悟后一笑而过。只要玩笑开得不是太过分,这一天我就是被骗了也觉得很开心。

赵冬　男　30岁　博士

经常看到愚人节这天周围的人都紧张兮兮的,有时候认真地谈事情都很难。我觉得设计一个新颖、有创意的圈套,"涮"别人一回,虽然可以调节紧张的生活,但难免会产生误会,浪费一些感情。所以愚人节我不开别人的玩笑,也没有被别人开过玩笑。

---

① 大一:大学一年级。
② 屡试不爽:多次试验都没有失败。
③ 得逞:(坏主意)实现。

话题训练

◇ 文章话题训练

一、用第三人称（"她""他"）叙述文章中的故事。

1. 张佳的故事

   提示：有一个17岁的中学生叫张佳，一年前的4月1号……

   使用词语：骗、这下、直接、核对、忐忑不安、幸灾乐祸

2. 杨女士的故事

   提示：美容师杨女士以前不太注意"愚人节"这样的洋节日，可是有一年的愚人节……

   使用词语：欲望、快……时、摸、大汗淋漓、疑惑、晃

◇ 相关话题训练

一、你在愚人节骗过别人或者被别人骗过吗？如果有这样的经历，请告诉大家。

二、如果在愚人节有人开了你的玩笑，你的心情会怎么样？

三、当你感到紧张或无聊的时候，你会做什么？为什么？

四、在你们国家，年轻人重视的节日和中老年人重视的节日一样吗？为什么？

五、在你们国家有哪些传统节日和外来的节日？请给大家介绍一个你认为最有特色的节日。内容要包括：

1. 节日的时间。
2. 和节日有关的由来、传说或故事。
3. 节日的习俗。如果以前和现在的习俗有不同，请说明。
4. 你为什么选择这个节日介绍给大家。

语句训练

句/式/训/练

【一】 做某事+以免+不希望遇到的/发生的事情

🔍 原句

他们在这一天会格外小心以免受骗。

📖 解释

为了避免发生不好的事情而做某事。如：
(1) 你快向他解释一下吧，以免他误会。
(2) 还是打的吧，以免迟到。

💬 表达

(1) 天气很冷，妈妈嘱咐孩子多穿衣服。

(2) 朋友马上要比赛了，你告诉他要做好准备活动。

(3) 告诉你的朋友出门前要锁好门。

【二】 遇到的麻烦/困难等，只得+惟一的解决办法

🔍 原句

我只得把钱包拿出来在老公面前晃了晃说："别生气，就当运动啦。"

📖 **解释**

在某种情况发生时,没有别的办法,只能采取惟一的做法。如:
(1) 在警察的追问下,犯罪嫌疑人只得说出了真相。
(2) 找了半天也没找到自行车,我只得放弃了。

💬 **表达**

(1) 你不太会喝酒,可是在酒桌上和商业伙伴谈生意时,你怎么办?

(2) 你已经决定去某个公司工作,可是这时收到了另一家更好的公司的录用通知,你怎么办?

(3) 你从酒吧出来,发现已经没有公共交通工具了,你怎么办?

【三】 通过+某种经历(名词/动词),得到某种收获

🔑 **原句**

通过这件事,我觉得老公不是笨,只是他太认真、太在意我了。

📖 **解释**

在经历了某种情况后,得到了某些经验、收获、进步等好的结果。如:
(1) 通过导游的介绍,我们对故宫有了一个大致的了解。
(2) 通过看电视,他的汉语听力水平提高了不少。

💬 **表达**

(1) 多年的努力 ⟶ 她取得了5000米的世界冠军。

(2) 售货员的介绍 ⟶ 我们对这种按摩椅产生了兴趣。

(3) 电视台的帮助 ⟶ 她找到了失散多年的亲人。

【四】 只要……，就是+某种假设的/不好的情况+也……

🔍 原句
只要玩笑开得不是太过分，这一天我就是被骗了也觉得很开心。

📖 解释
常用来表示某种条件的重要性。即，如果满足了这一条件，即使有极不好的情况发生，也不会改变某种行为。如：

(1) 只要身体情况允许，就是下大雪我也去运动场跑步。

(2) 只要你爱我，就是有天大的困难我也不怕。

🗣 表达
(1) 选择工作时，自己感兴趣是最重要的。

(2) 在国外留学，习惯那里的生活是最重要的。

(3) 买衣服时，衣服的质量是最重要的。

词/语/训/练

◇ 回答问题，并请注意画线词语的意思

1. 如果一个人<u>出了一身冷汗</u>，原因是什么？请举例说明。

2. 你有没有<u>硬着头皮</u>做过什么事情？

3. 你有没有<u>出洋相</u>的时候？

4. 如果有一对恋人，因为一点小事，女朋友生男朋友的气了。你有什么<u>屡试不爽</u>的好办法可以让她高兴吗？

5. 你被人<u>涮</u>过吗？

实战训练

一、调查

请把班里的学生分为若干小组,分别调查一些中国节日的由来、相关传说、风俗习惯等,可以询问中国人,也可以上网查询。最后每个小组写出一份调查报告,并由一位小组成员在班上做介绍。

二、分组辩论

在主题文章中,大家看到了关于愚人节的两种观点:一个是愚人节时开开玩笑是调节紧张生活的一种方法,另一个是愚人节时开玩笑影响了日常生活。请分成两组,分别代表以上这两种观点进行辩论。

相关链接

食品的象征意义

饺子——晚上12点又称"子时",这时是新年和旧年相交的时候,称为"交子",所以这时吃的食品就叫做"饺子"。

元宵(北方)、汤圆(南方)——用糯米做皮儿,用各种甜品做馅儿,做成圆形,在新年的第一个月圆之日吃,象征全家人团团圆圆,甜甜蜜蜜。

粽子——有一个故事:战国时期楚国的屈原政治理想不得实现,跳入江中自杀。老百姓怕水中的鱼伤害屈原的身体,用一种叶子包着糯米、肉等,扔进江中喂鱼。后来就有每年农历五月初五吃粽子、划龙舟的习惯。以南方为主。

月饼——圆形，里边有各种甜馅儿，和元宵、汤圆一样，在一年中间的月亮最圆之日吃月饼，象征全家人团圆幸福。

年糕——与"年高"的发音相同，南方人喜欢吃，特别在春节的时候吃，寓意是人们希望自己的生活"年年高"。

"洋"节日越过越多的原因

最近几年，越来越多的洋节日进入中国人的生活，这一方面说明了中国人改革开放后对外来文化的接受，另一方面也说明了人们生活水平的提高。比如说圣诞节，中国人特别是中国的年轻人并不是因为宗教信仰，而只是把它作为朋友相聚的理由和机会罢了。

"黄金周"

中国现在有三个黄金周：5月1号—5月7号、10月1号—10月7号、春节7天假（每年不同）。

句 式 索 引

（注： 句式后的序号为主题的顺序）

A

A，以至于B	9
A……，B则……	8
A取决于B	9

B

本来+意外发生前的情况，没想到+意外情况，这下+意外发生后的情况	5
不太好的情况，好在+比较幸运的事	6
不太好的事情，还好+比较幸运的情况	5

D

动词（多为双音节）+之余，句子	8
动词+上+数量词语	3
动词$_1$+什么+（就)动词$_2$+什么	4
动词性+干什么	9

F

非+动词+不可，不+动词+不行	2

G

干什么+动词性词语	9
跟/和……比起来，比较后的结果	1
固然……，不过/可是/但是……	2
光（是）+事物的种类+就+（动词）+数量	4

H

怀着+某种心理/感情等+动词   8

J

就+人称代词+所知，句子（知道的事情）   7
就算……，还/也……，不然……   6
就在……，发生了某事   5
居然……，怎么……   5
句子，哪怕+比说话时更不好的某种情况   8

L

临+动词+前，句子   8

M

满满+一+量词+名词   4
没+动+几+量词+（名词），就……   1
没什么大不了   3
没有……，如果……，那+肯定/一定……   4
每逢……，都/常常/总是……   3

N

哪怕+比说话时更不好的某种情况，句子   8

Q

起初+开始阶段的情况，经历某事，才+与开始阶段的情况不同   5
情况$_1$，这样一来，情况$_2$（情况$_2$一般是情况$_1$的结果）   2
缺点$_1$，缺点$_2$，……，惟一（说话人的感觉）+的就是+优点   6

S

虽然/尽管……，但/可（转折）……，因为……   9

T

通过+某种经历（名词/动词），得到某种收获   10

W

为+目的/目标+而+做某事	5
问题+回答	7

X

形容词+得够呛	7
形容词+就+形容词+在……	7

Y

要不然……，要不然（就/就是）……	3
一+动词+（就/会）+动词+到+时间	2
一+动词+就是+数量结构	1
一+名词/形容词$_1$+一+名词/形容词$_2$（两个名词/形容词是反义词）	8
一到……的时候/时	7
以……来看，（总说观点）：第一……，第二……（分说观点）	1
硬是+动词性词语	9
优点$_1$，优点$_2$，……，惟一（说话人的感觉）+的就是+缺点	6
与其+不选项，不如+选项，做出上述选择的一个或多个原因	6
遇到的麻烦/困难等，只得+惟一的解决办法	10

Z

再……，再……，也……	
在/到+方位词语+就座	7
在……的+名词+下，……（名词多具有表示对别人的某种行为或某种态度的意义）	3
张嘴就+动词	4
只要……，就……，而且……	9
只要……，就是+某种假设的/不好的情况+也……	10
最+形容词$_1$……（数量$_1$），最+形容词$_2$+也……（数量$_2$）（形容词$_1$和形容词$_2$的意思相反）	3
做某事，不巧+影响某事的情况	5
做某事+以免+不希望遇到的/发生的事情	10

词 语 索 引

A

爱莫能助　ài mò néng zhù ····· 1
暗暗　àn'àn ····· 5

B

摆脱　bǎituō ····· 9
包　bāo ····· 4
保险箱　bǎoxiǎnxiāng ····· 1
暴露　bàolù ····· 4
背着　bèizhe ····· 1
倍加　bèijiā ····· 3
奔　bèn ····· 10
必不可少　bìbùkěshǎo ····· 3
避　bì ····· 1
不惜　bùxī ····· 9
不以为然　bù yǐ wéi rán ····· 5
不知所措　bù zhī suǒ cuò ····· 1

C

采访　cǎifǎng ····· 7
藏　cáng ····· 7
刹那　chànà ····· 8
拆　chāi ····· 2
产生　chǎnshēng ····· 10
场面　chǎngmiàn ····· 2
敞　chǎng ····· 4
沉默　chénmò ····· 8
重新　chóngxīn ····· 9
崇尚　chóngshàng ····· 9
抽　chōu ····· 7
触动　chùdòng ····· 2
创意　chuàngyì ····· 10
纯　chún ····· 8
丛　cóng ····· 2
凑　còu ····· 3
存放　cúnfàng ····· 7
措手不及　cuò shǒu bù jí ····· 5

D

搭（车）　dā (chē) ····· 5
打动　dǎdòng ····· 2
大汗淋漓　dà hàn línlí ····· 10
大意　dàyì ····· 2
大意　dàyi ····· 5
带动　dàidòng ····· 9
淡季　dànjì ····· 5
当　dàng ····· 4、10
倒　dào ····· 5
得知　dézhī ····· 5
颠倒　diāndǎo ····· 9

刁难	diāonàn	6
叮嘱	dīngzhǔ	3
丢失	diūshī	8
动力	dònglì	2
动用	dòngyòng	1

F

翻番	fān fān	4
翻来覆去	fān lái fù qù	6
反差	fǎnchā	2
费尽心机	fèijìn xīnjī	9
分担	fēndān	8
浮躁	fúzào	6
付出	fù chū	6

G

改善	gǎishàn	3
概括	gàikuò	2
赶	gǎn	5
感染	gǎnrǎn	6
高贵	gāoguì	9
格外	géwài	10
根本	gēnběn	6
乖乖	guāiguāi	5
管	guǎn	4
灌输	guànshū	6
归纳	guīnà	7
归心似箭	guīxīn sì jiàn	5
果不其然	guǒ bù qí rán	5

H

憨	hān	4
罕见	hǎnjiàn	8
核对	héduì	10
核心	héxīn	1
呼吸	hūxī	7
胡乱	húluàn	6
护短	hù duǎn	7
晃	huàng	10
恢复	huīfù	6
活力	huólì	9

J

鸡飞蛋打	jī fēi dàn dǎ	1
积淀	jīdiàn	2
积累	jīlěi	1
即将	jíjiāng	2
极端	jíduān	3
棘手	jíshǒu	5
假装	jiǎzhuāng	3
价值	jiàzhí	5
兼	jiān	5
减轻	jiǎnqīng	10
建设	jiànshè	2
接触	jiēchù	6
接受	jiēshòu	10
紧急	jǐnjí	10
紧张兮兮	jǐnzhāng xīxī	10
精细	jīngxì	7
举止	jǔzhǐ	9
巨大	jùdà	3
绝	jué	4

K

| 看 | kān | 3 |
| 看望 | kànwàng | 1 |

208

苛刻	kēkè	5
磕	kē	2
扣	kòu	1
枯燥	kūzào	1
旷	kuàng	5
框	kuàng	7

L

乐趣	lèqù	6
例外	lìwài	5
脸色	liǎnsè	1
流露	liúlù	3
留意	liúyì	8
露一手	lòu yì shǒu	4
落空	luò kōng	6

M

埋怨	mányuàn	8
满载而归	mǎn zài ér guī	3
冒	mào	8
贸然	màorán	1
美滋滋	měizīzī	5
蒙	mēng	3
弥漫	mímàn	3
密密麻麻	mìmìmámá	5
面对	miànduì	10
蔑视	mièshì	9
名次	míngcì	6
名贵	míngguì	3
明摆着	míngbǎizhe	6
摸索	mōsuǒ	6

N

挪	nuó	9

P

排	pái	6
泡	pào	1
陪伴	péibàn	3
配	pèi	3
批	pī	2
偏偏	piānpiān	4
偏远	piānyuǎn	8
瞟	piǎo	8
平衡	pínghéng	7
平静	píngjìng	8
评	píng	1

Q

气喘吁吁	qìchuǎn xūxū	10
牵动	qiāndòng	9
轻盈	qīngyíng	9
情侣	qínglǚ	8
求援	qiúyuán	10
求之不得	qiú zhī bù dé	1

R

绕	rào	4
惹	rě	9
任凭	rènpíng	3
若干	ruògān	6

S

善意	shànyì	10
设想	shèxiǎng	4
涉及	shèjí	2
神圣	shénshèng	8
失踪	shīzōng	8
时来运转	shí lái yùn zhuǎn	4
实惠	shíhuì	4
示意	shìyì	7
死活不	sǐhuó bù	1
四面八方	sì miàn bā fāng	7

T

踏实	tāshi	2
忐忑不安	tǎntè bù'ān	10
体会	tǐhuì	4
天生	tiānshēng	6
调节	tiáojié	10
停止	tíngzhǐ	7
头晕目眩	tóu yūn mù xuàn	8
途径	tújìng	2
托	tuō	5
妥协	tuǒxié	1

W

万事俱备，只欠东风	wàn shì jù bèi, zhǐ qiàn dōngfēng	5
卫生	wèishēng	7
温馨	wēnxīn	4
稳定	wěndìng	8
无法无天	wú fǎ wú tiān	6
物色	wùsè	3

X

瞎	xiā	7
现场	xiànchǎng	7
消失	xiāoshī	2
效果	xiàoguǒ	2
卸	xiè	8
心如刀绞	xīn rú dāo jiǎo	8
心态	xīntài	3
新颖	xīnyǐng	10
信物	xìnwù	8
幸灾乐祸	xìng zāi lè huò	10
絮叨	xùdao	4

Y

淹没	yānmò	2
一定	yīdìng	4
一连	yīlián	10
一一	yīyī	4
一致	yīzhì	10
依山傍水	yī shān bàng shuǐ	2
疑惑	yíhuò	10
因人而异	yīn rén ér yì	6
鹦鹉学舌	yīngwǔ xué shé	6
营养	yíngyǎng	7
拥有	yōngyǒu	9
优势	yōushì	7
悠闲	yōuxián	3
诱人	yòurén	4

Z

杂	zá	7
遭到	zāodào	10

遭遇	zāoyù	4	转嫁	zhuǎnjià	6
蘸	zhàn	6	转眼	zhuǎnyǎn	6
张罗	zhāngluo	1	赚	zhuàn	8
张望	zhāngwàng	5	装作	zhuāngzuò	10
掌握	zhǎngwò	7	状况	zhuàngkuàng	8
照耀	zhàoyào	9	着落	zhuóluò	5
整个	zhěnggè	7	滋味	zīwèi	1
支撑	zhīchēng	9	自愿	zìyuàn	9
智慧	zhìhuì	9	足足	zúzú	3
中	zhòng	4	遵循	zūnxún	6
拽	zhuài	5			